KB046647

이따위 불평등

이따위 불평등

99퍼센트가 반드시 알아야 할
불평등에 관한 모든 것

이원재 외 지음

북바이북

아픈 곳이 몸의 중심이다

"누구도 신발을 머리 위에 쓰진 않는다. 신발은 그러라고 만든 게 아니니까. 애초부터 자리는 정해져 있어. 나는 앞좌석, 당신들은 꼬리칸. 당신들의 위치를 잘 알아라. 당신들 자리나 지켜!"

봉준호 감독의 영화 〈설국열차〉에서 열차의 2인자인 메이슨(틸다 스윈튼 분) 총리가 꼬리칸 사람들의 집단행동에 대해 경고하며 내뱉은 말이다. 기묘한 얼굴과 과장된 손동작에서 꼬리칸 사람들을 경멸하는 투가 역력하게 드러난다. 메이슨의 논리는 단순하다. 기차에 태워준 것만으로도 감지덕지할 일인데, 언감생심 앞자리를 탐하는 것은 죽어 마땅한 죄라는 것이다. 요즘 유행하는 말로 메이슨은 꼬리칸 사람들에게 '갑질'을 하고 있는 것이다. 또 하나, 마지막 말 "킵 유어 플레이스Keep your place"는 묘한 기시감이 들게 한다. 최근 한국사회에서 벌어진 사건사고에서 단골로 등장하는 말이 바로 "킵 유어 플레이스" 아니던가.

생각해보면 요즘처럼 '갑질'이라는 말이 흔한 때가 없었다. 부르는 이름만 달랐을 뿐 인류 역사 이래 갑질이 없었던 적은 한시도 없다. 그럼에도 우리 사회가 갑질이라는 단어를 달고 사는 이유는 그만큼 빈번하게 그리고 다양하게 갑질이 일어나고 있기 때문이다. 죄 없는 땅콩이 마카다미아 대신 주범으로 몰린 어떤 항공사 상무의 몰지각한 행동이 세간의 화제였는가 하면, 학교를 바로잡겠다고 나선 교수들을 향해 '목을 쳐주겠다'는 무시무시한 발언을 한 재벌 총수이자 대학교 이사장도 입길에 오르내렸다. 하루가 멀다 하고 풍문으로 들려오는 갑질은 우리 사회의 불평등이 극한에 치달았음을 보여주는 방증일 수밖에 없다.

우리는 지금 '불평등만 평등'하게 누리는 세상을 살고 있다. 세계 곳곳에서 민주주의가 꽃을 피웠고 경제성장은 최고조에 달했지만, 온전한 자유와 경제적 평등을 누릴 수 있을 것이라는 보통 사람들의 오랜 꿈은 물거품처럼 사라졌다. 물거품처럼 사라진 꿈 사이로, 가난한 사람들은 부자들이 더 부자가 되는 모습을 우두커니 지켜볼 수밖에 없다. 불평등만 평등하게 누린다는 말은 단순한 말장난이 아니라 우리 모두가 온몸으로 겪고 있는 현실이다.

인간의 이성은 끊임없이 발전하며 사실상 오늘 우리 시대에 절정을 맞이하고 있다. 인류가 이성을 집요하리만치 발전시킨 이유는, 단순하게 말하면 모든 사람이 '잘 먹고 잘 사는' 세상을 일구기 위해서였다. 하지만 인간의 이성은 절정에 달했는지는 몰라도, 모든 사람이 잘 먹고 잘 사는 세상의 꿈은 하마 멀어져버렸다. 일반화의 오류라고 비판할 수도 있지만, 절정에 이른 인간의 이성이 방향 감각을 상실했기 때문이다.

어쩌면 모든 사람이 잘 먹고 잘 사는 세상을 꿈꾼 인간의 이성

그 자체가 그다지 신뢰할 만한 것이 아니었을 수도 있다. 200여 년 전, 프랑스 계몽기의 천재적 사상가 장 자크 루소^{Jean Jacques Rousseau}는 인간의 역사를 "문명의 진보에 따른 도덕의 퇴화로 얼룩진 불행과 악덕의 창궐의 대서사시"라고 규정한 바 있다. 루소는 학문과 예술의 발달, 즉 문명의 진보가 인간을 도덕적으로 타락시킨다고 생각했다. '욕망'을 가진 인간은 학문과 예술에 집착할수록 도덕적으로 타락하고, 결국에는 나와 타자를 구분하게 된다. 사소한 듯 보이는 이 '구분'이 바로 불평등의 시작이다. 루소는 이미 오래전『인간 불평등 기원론』에서 "어린애가 노인에게 명령하고 바보가 현명한 사람을 이끌며 대다수의 사람들이 굶주리고 살아가는 데 꼭 필요한 최소한의 것마저 갖추지 못하는 판국인데 한줌의 사람들에게서는 사치품이 넘쳐"나는 오늘의 불평등 상황을 예언했다.

인간의 이성이 불평등의 원인이라는 주장은 억지라고 볼 수도 있지만, 실제로 '어떤' 인간들은 지금 이성을 앞세워 불평등을 조장하고 있다. 전 세계를 불평등의 늪으로 몰아넣은 신자유주의 경제체제는 '경제학'의 소산이며, 그것을 가능케 했던 수많은 정치체제나 사회 시스템도 다양한 인접 학문의 소산이다. 학문의 무용론을 주장하려는 것이 아니다. 오늘의 세계가 다양한 학문을 빙자하여 탐욕을 추구하며 불평등을 심화시키고 있다는 점을 강조하려는 것이다.

우리 시대의 불평등은 눈에 띄는 확연한 형태로 나타나지 않는다. 아니, 확연한 형태로 나타나지만 체감하지 못하는 것인지도 모른다. 조지프 스티글리츠^{Joseph E. Stiglitz}가『불평등의 대가』에서 "지금 당장 하위 99퍼센트 소득층에게 고통을 주는 가장 큰 원천은 노동 시장과 주택 시장"이라고 지적한 것처럼, 대한민국의 가난한 사람들은 노동 시장에서는 절대약자이며 주택 시장에서는 천정부지로 오르고 있는 전셋값의 희생양이다. 단지 돈이 없어 서울에서 수도권으로, 전세에서 월세로 밀려나고 있지만, 세상은 이처럼 명확한 불평등의 결과를 불평등이라고 말하지 않는다. 가진 자들은 정책의 실패, 시장의 실패를 오히려 가난한 사람들의 탓으로 돌리며 교묘한 책임 회피 전략을 쓰고 있을 뿐이다.

출판전문지 〈기획회의〉 2015년 1월 5일자 특집 '2015년 한국 사회 전망'에서는 '초양극화'를 하나의 주제로 다룬 바 있다. 당시 「꼬리에 꼬리를 무는 양극화」라는 글에서 최배근 건국대 경제학과 교수는 "현재의 시스템이 지속불가능하다는 점에서 시스템 붕괴는 시간문제"라고 강조하면서 "이는 초양극화사회, 즉 채무노예의 확산이 불가피함을 의미한다"고 역설했다. 이어지는 글은 다음과 같다. "사회구성원 다수의 채무노예화는 동서고금을 막론하고 한 시대를 마감하는 대표 증상이었고, 공통된 해법은 채무노예의 해방과 새 질서에 의한 낡은 질서의 교체였다. 새 질서의 구축 없는 채무노예의 해방은 일시적인 효과만 낼 뿐이다."

『이따위 불평등』은 초양극화 시대의 불평등 문제를 다각도에서 접근하려는 기획의 산물이다. 우리 시대의 흐름에 민감하면서도 심층적으로 접근하는 책이 그 대상일 수밖에 없다. 불평등을 다룬 책은 많지만 특별히 한국사회에서 나름의 함의를 가진 책 25권을 통해 밀도를 높여보고자 했다. 이 책은 한국사회뿐 아니라 전 세계를 뒤덮은 불평등 상황이 어떤 교묘한 책임 회피 과정을 통해 사회로 퍼지는지, 그 양상을 세밀하게 포착한다. 개인적으로 겪어야만 하는 불평등이 있는가 하면, 사회 전체적으로 감내하고 있는 불평등도 있다. 개인적 불평등은 사회적 불평등으로 확대되고, 사회적 불평등은 개인적 불평등을 낳는 또 다른 원인이 된다. 이처럼 불평등은 하나의 원인에서 출발하지 않고 하나의 결과로 귀결되지도 않는다. 지극히 다양한 함의 속에서 원인은 결과가 되고, 결과는 다시 원인이 되면서 인류의 삶을 옥죄고 있는 것이다.

1장 '지금 이 순간의 불평등'은『분노의 숫자』,『죄송합니다, 죄송합니다』,『서울은 어떻게 작동하는가』,『대한민국 건강 불평등 보고서』,『질병과 가난한 삶』등 국내 저자들의 다양한 목소리를 통해 부지불식간에 이뤄진 한국사회의 불평등 현상을 고발한다. 노숙인들이 겪어야 하는 삶의 비참함, 단지 돈이 없다는 이유로 치료를 받을 수 없는 대한민국의 현실은 과장을 조금 보태면 실상 지옥의 풍경과 진배없다.

2장 '미생, 을의 목소리'는『이창근의 해고일기』,『섬과 섬을 잇다』,『대한민국 취업 전쟁 보고서』,『노동자, 쓰러지다』,『십 대 밑바닥 노동』등 역시 국내 저자들의 책을 중심으로 노동 현장의 불평등을 고발한다. 헌법의 정한 권리이자 의무인 노동의 주체이면서 노동 현장에서는 한사코 약자일 수밖에 없는 노동자들의 절규는 한국사회가 철저하게 약자를 짓밟고 있음을 보여준다.

3장 '불평등의 기원과 풍경'은『불평등의 창조』,『불평등의 대가』,『왜 우리는 불평등을 감수하는가』,『절망의 나라의 행복한 젊은이들』,『노동의 배신』 등의 책을 통해 한국사회는 물론 전 세계를 뒤덮은 불평등의 기원과 양상을 따라간다. 신뢰와 연대, 협력이 자취를 감출 수밖에 없는 오늘 우리 시대를 경제 현실을 가감 없이 설명하면서 감춰진 불평등에 관한 진실에 육박해 들어간다.

4장 '임계점에 도달한 자본주의'는 토마 피케티^{Thomas Piketty}의 『21세기 자본』을 필두로 『자본주의는 미래가 있는가』, 『한국 자본주의』, 『자본의 17가지 모순』, 『거대한 역설』 등의 책을 통해 자본주의 경제체제의 모순이 만들어낸, 거대 악으로서의 불평등 양상을 그려낸다. 임계점에 도달한 자본주의는 더 이상 사람들을 잘 먹고 잘 살도록 내버려두지 않을 것이다. 각각의 책이 주는 묵직함과 함께 오늘 우리 시대의 자본주의의 한계를 명확하게 짚어내고 있어 흥미로운 장이다.

5장 '다른 세상은 가능한가'는 『경제학이 사람을 행복하게 할 수 있을까』, 『조건 없이 기본소득』, 『시골 빵집에서 자본론을 굽다』, 『우리 시대 청년의 명랑 르포르타주』, 『약자를 위한 경제학』 등의 책을 통해 자본주의를 이겨낼 새로운 대안을 제시한다. "천 리 길도 한 걸음부터"라는 옛말마따나 우리 모두가 실천해야 할 현실적 대안들이 담겨 있어 읽어봄 직한 장이다.

『이따위 불평등』이라는 다소 자극적인 제목의 책을 한 권 내놓는다. 불평등을 다룬 25권 책에 대한 일종의 서평이자 한국사회의 현재적 상황을 가장 적나라하게 지적한 글들이다. 단언컨대 한국사회의 민낯을 이보다 처절하게 들여다본 책도 드물 것이다. "가장 아픈 곳이 몸의 중심"이라는 말이 있다. 엄지발가락이 아프면,

치통이 있으면, 그 어디라도 아프면 그 순간부터 몸의 중심은 아픈 곳이다. 당연히 우리 사회의 아픈 곳, 불평등의 끝자락에서 외면당하고 실의에 빠진 사람들이 우리 사회의 중심이다.『이따위 불평등』이 오늘 우리 사회의 아픈 곳을 밝히고, 그들을 중심으로 자리매김하는 데 쓰이기를 감히 기대해본다.

2015년 5월

〈기획회의〉 편집위원회

차례

프롤로그
불평등의 역습

'불평등'이 전 세계의 화두로 등장했다. 미국도 유럽도 일본도 마찬가지다. 당연히 한국도 예외가 아니다.

재닛 옐런Janet Yellen 미국 연방준비제도이사회(연준)Federal Reserve System(Fed) 의장은 미국의 소득 및 부의 불평등이 100년 만에 가장 높은 수준에 근접했다고 말한 바 있다. 2014년 10월 보스턴 연준이 연 '경제기회와 불평등' 컨퍼런스에서 미국의 불평등 정도와 지속적 확대 추세를 우려하며 한 말이었다. 실제로 미국의 불평등은 19세기 이래 가장 오래 지속적으로 커지고 있다.

미국중앙은행을 지칭하는 연준 의장은 보통 경기 상황이나 통화정책에 대해 발언한다. 이 발언은 많은 경우 '전략적 모호성'을 동반한다. 그의 한마디가 시장에 끼치는 영향이 워낙 크기 때문이다. 그래서 연준 의장이 경기 상황이나 통화정책에 대해 언급을 하는 것은 놀랍지 않다. 그런데 불평등 문제를 공개적으로 거론한 것은 이례적이다. 중앙은행의 책임자가 불평등을 거론한 것은, 그만큼 불평등 문제가 시스템 전체를 뒤흔들 수 있는 심각한 문제임을 반증하는 것이기도 하다.

옐런 의장은 2008년 금융위기 때 불평등이 일시적으로 작아졌다고 분석했다. 그러던 것이 경기가 회복되면서 오히려 다시 커지고 있다는 것이다. 결국 2014년의 미국은 역사상 대부분 기간보다 높은 불평등 수치를 보였다.

물론 생활수준이 전반적으로 높아지는 와중에 불평등이 커지는 것은 크게 문제가 되지 않는다. 하지만 최근에는 대부분 가정의 생활수준이 정체되거나 낮아지고 있는 상황이다. 연준이 1989~2013년 사이 미국 6000가구의 가계수지를 조사한 결과, 상위 5퍼센트 가구의 실질 소득은 38퍼센트 증가한 반면, 나머지 95퍼센트 가구의 실질소득은 10퍼센트도 높아지지 않았다. 상위층으로의 소득 집중도가 높아진 것이다. 또 상위 5퍼센트 가구의 보유자산이 차지하는 비중은 전체의 54퍼센트에서 63퍼센트까지 증가했는데, 하위 50퍼센트 가구가 보유한 자산의 비중은 3퍼센트에서 1퍼센트로 낮아졌다. 옐런 의장은 부와 빈곤의 대물림 현상이 심각해지면서 '아메리칸 드림'이라는 말로 대표되는 미국의 계층 이동성이 심각하게 훼손됐다고 지적했다.

재닛 옐런의 이런 지적은 이전에 노벨경제학상 수상자인 조지프 스티글리츠 컬럼비아대 교수나 폴 크루그먼Paul Krugman 뉴욕시립대 교수 등이 여러 저작물에서 지적했던 내용이다. 경제학자들 사이에서는 대체로 미국 경제가 20세기 이후 가장 높은 정도의 불평등 시기로 접어들고 있다는 진단에는 합의가 이뤄진 것으로 보인다.

불평등이 커지는 현상은 미국뿐 아니라 세계 주요 국가에서 공통적으로 나타나고 있다. 글로벌 경제위기를 맞았을 때, 사실 OECD(경제협력개발기구) 국가들의 불평등 및 빈곤율은 이미 역대 최고 수준이었다. 그런데 그 뒤 소득 불평등도는 좀 더 극적으로 커진다. OECD에서 집계한 결과, 데이터 수집이 가능한 17개 회원 국가에서 2007년부터 2010년까지 3년 동안 근로 및 자본소득의 불평등 지수는 그보다 앞선 12년 동안의 상승폭만큼 증가했다. 게다가 저소득층 가구의 소득은 상대적으로 더 많이 감소하거나 더딘 회복세를 보였다. 아동과 청년 빈곤율이 높아진 반면 노인층의 소득은 상대적으로 변화가 적었다. OECD 국가의 노인 빈곤율은 평균 20퍼센트가량 하락하면서 아동과 청년 빈곤율을 하회했다.

한때 아시아에서 '중산층 국가'의 모범을 보여주던 일본도 예외는 아니었다. 1970년대에 일본은 '1억 총중류'라는 말이 유행하며 전 국민이 중산층에 가까운 삶을 살고 있는 나라로 여겨지기도 했다. 하지만 21세기 들어서는 여느 선진국과 마찬가지로 불평등 문제를 맞닥뜨리게 된다. 소득 불평등도를 보여주는 지니계수^{Gini} ^{coefficient}는 계속 상승하고, 고령자들의 삶은 점점 더 열악해져 '표류노인'이라는 새로운 유행어가 만들어지기에 이르렀다. 평생고용 신화는 깨지고, 저임금 임시직 노동자 비중이 현격하게 높아졌다.

불평등은 시장에 위협적이다

사실 가장 보수적이라는 주류경제학계에서조차 이렇게 불평등 논의를 정면으로 받아들이게 된 데에는 다른 배경도 있다. 불평등이 지나치게 심화된 나머지 이제 경제성장을 가로막는 데까지 이르게 됐다는 인식이 확산되면서 이를 더 적극적으로 받아들이게 된 것이다.

신용평가회사 스탠더드앤드푸어스Standard & Poor's는 2014년 8월 흥미로운 보고서를 내놓는다. "미국의 소득 불평등이 인구 대다수를 경제성장의 이득으로부터 배제시켜, 결과적으로 미국의 경제성장을 저해하는 결과를 낳고 있다"는 게 골자다. 신용평가회사가 불평등 문제를 우려하는 보고서를 내놓는 것은 이례적이다. 신용평가회사는 투자자들을 위한 평가서비스를 제공하는 곳이기 때문이다. 투자 대상의 안정성을 주로 분석하는 곳이 불평등 문제에까지 관심을 갖게 된 것은, 불평등이 금융시장 자체의 안정성을 해칠 수 있는 상황이 되었다는 자각 때문일 것이다.

OECD도 2014년 말, 경제성장의 최대 걸림돌로 소득 불평등을 지목하는 보고서를 내놓았다. OECD는 「소득 불평등이 경제성장에 미치는 영향」이라는 제목의 보고서에서 "1980년대에는 소득 상위 10퍼센트가 소득 하위 10퍼센트보다 7배 더 많은 소득을 가져갔으나, 현재는 9.5배 더 가져가고 있다"고 분석했다. 또한 "소득 불평등 확대는 성장에 영향을 끼친 가장 큰 단일변수"이며 분명한 부정적 영향을 끼치고 있다고 분석했다. 결론적으로 OECD는 안정적이고 지속적인 경제성장을 위해서라도 정부의 적극적인 재분배 정책이 필요하다고 권고했다. 부유층의 세부담을 늘리고 국민들에게 양질의 공교육 및 건강보험 서비스를 제공하는 데 정부 지출을 써야 한다고 권하기도 했다. 부유층에게 소득이 생기면

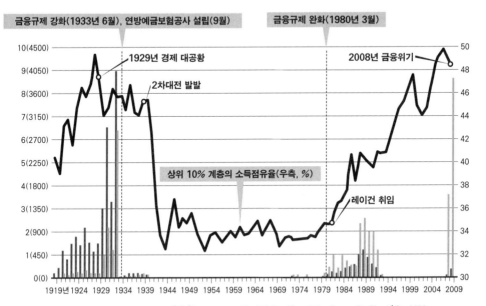

표1-미국의 주요 경제 사건과 은행파산·금융규제·소득불평등 추이

■ 구제금융을 받은 금융기관의 예금규모(좌측, GDP대비%)
■ 파산한 은행숫자(좌측 괄호 안, 개)

금융규제 강화(1933년 6월), 연방예금보험공사 설립(9월)

금융규제 완화(1980년 3월)

1929년 경제 대공황

2008년 금융위기

2차대전 발발

상위 10% 계층의 소득점유율(우측, %)

레이건 취임

출처: 'Comments on Bank Failure/Regulation/Inequality Chart.' David Moss.
www.tobinproject.org

그 소득이 사회 전체로 퍼지게 된다는 '낙수효과'를 전면 부정하
는 내용이다.

데이비드 모스David Moss 하버드경영대학원 교수는 한 걸음 더 나
아간다. 나라 전체의 소득 불평등도와 금융위기 발생 가능성의 상
관관계를 비교분석한 것이다. 그는 2010년에 발표한 논문에서 소
득 상위 10퍼센트 계층이 차지하는 소득 비중과, 그 해 은행 및 금
융기관 자산의 파산 건수를 비교했다.

그래프(표1)에서 꺾은선으로 표시된 소득 불평등 지표는 소득 상위 10퍼센트가 전체 소득에서 차지하는 비중이다. 이는 대공황 직전 50퍼센트에 육박했다가, 중산층이 두터워졌던 1950~1970년 대에 34퍼센트 안팎으로 급락했다. 다시 상승세가 시작되는 것은 1980년대 초다. 2008년 글로벌 금융위기 시점에는 다시 50퍼센트 까지 올라간다.

그리고 놀랍게도, 소득 불평등도가 높을수록 금융기관 파산도 많이 일어나는 것으로 나타났다. 불평등할수록 금융위기 가능성도 높았다. 특히 1928년과 2007년에는 가장 높은 불평등도를 보였다. 그 다음해에는 각각 대공황과 서브프라임 모기지론 사태가 터졌 다. 글로벌 금융위기는 불평등이 초래한 결과였던 것이다.

불평등한 분배는 경제성장 과정에서 어쩔 수 없이 감내해야 하 는 부작용이 아니다. 불평등한 분배는 오히려 경제위기까지 불러 올 수 있는 위험을 지녔다는 시사점을 주는 연구다.

피케티, 세습 자본주의 시대의 개막을 선언하다

이 모든 논의에 한 획을 그은 것이 바로 토마 피케티 프랑스 파리 경제대 교수의 『21세기 자본』이다. 피케티 교수는 '세습 자본주의' 라는 한마디로 최근 전 세계에서 진행되고 있는 불평등의 흐름을 정리한다. 자본주의가 지금처럼 진행되다가는 자본 소유의 집중 도가 점점 더 높아져서 세습받지 않고서는 자산을 보유할 수 없는 상태가 되고 말 것이라는 이야기다.

피케티는 불평등 논의를 자본주의와 시장경제의 중심으로 가져왔다. 자본주의와 시장경제를 버티는 가장 중요한 윤리적 기반은 '능력주의meritocracy'이다. 개인이 정해진 규칙 안에서 노력을 통해 소득을 늘리고 자산을 축적할 수 있다는 것은 과거 그 어떤 경제 체제보다도 자본주의를 윤리적으로 정당화하는 논리였다. 그런데 피케티 교수의 논리에 따르면, 21세기 자본주의는 그런 윤리적 근거를 스스로 파괴하고 있다. 불평등이 그 원인이다.

피케티는 1980년대 이후 현대 자본주의가 역사상 가장 불평등한 시기였던 프랑스의 '벨에포크La Belle Epoque 시대' 또는 미국의 '도금시대Gilded Age'로 귀환하기 시작했다고 봤다. 벨에포크 시대와 도금시대는 불평등이 극에 달했을 때인데, 여러 수치로 볼 때 1980년대 이후 분석 대상 국가들이 그 시기의 불평등도와 비슷한 수치를 기록하고 있다는 것이다. 특히 노동과 달리 자본에서 나오는 소득은 이를 보유한 소수에게 집중되는 것이 일반적이다. 따라서 한 나라의 국민소득 중 자본소득의 비중이 늘어나면 소득 불평등은 더욱 커질 수밖에 없다. 이렇게 되면 자본을 소유한 부자들이 더 많이 저축하면서 자본은 더 크게 늘어나며 불평등이 세습되는 현상이 벌어지게 된다.

피케티는 자본수익률(r)과 경제성장률(g) 사이의 관계에 따라 불평등도가 달라지며, r>g인 상태에서는 자본소득이 국민소득에서 차지하는 비중이 시간이 갈수록 점점 더 커지고 불평등이 심화된다는 이론을 내세운다. 그런데 역사적으로 보면 자본수익률은 4 ~5퍼센트 수준에서 유지되었는데, 지금은 대부분의 선진국에서 경제성장률이 이를 현저히 밑돌고 있다. 따라서 자본수익률이 경제성장률을 웃돌며 불평등이 심화될 수밖에 없는 상황이 된 것이다. 그리고 자본소득의 비중도 더욱 높아지면서 세습 자본주의 시대가 개막되리라는 게 피케티의 주장이다.

자본이 상속되는 세습 자본주의 시대에 사는 후세대는 자본을 물려받아야만 경쟁을 할 수 있다. 결국 능력과 노력을 통해 시장의 승자를 가린다는 자본주의의 약속은 형편없이 깨지고 만다.

폴 크루그먼, 평등의 선순환을 고증하다

폴 크루그먼 교수는 좀 더 적극적으로 평등한 분배 정책이 어떻게 성장의 선순환을 가져오는지를 역사적으로 고증했다. 그는 저서 『폴 크루그먼 새로운 미래를 말하다』(엘도라도, 2012)에서, 1930년대 대공황 이후 미국 프랭클린 루스벨트Franklin Roosevelt 대통령이 도입한 '뉴딜정책New Deal Policy'을 보면 소득 평등도를 높이는 정책이 어떻게 친 성장적일 수 있는지 알 수 있다고 썼다.

1929년 미국은 대공황을 맞는다. 사람들은 수십 년 동안 쌓아 올린 부가 주가폭락으로 하루 아침에 사라지는 광경을 목격한다. 투자자들이 돈을 빼가면서 자금경색에 시달리게 된 기업들의 도산이 줄을 잇고, 빚을 받지 못한 은행들은 파산한다. 노동자들은 거리로 쏟아져 나오고, 소비는 급감한다. 수요가 줄자 기업은 더욱 허리띠를 졸라맨다. 해고는 더 늘어나고, 주가는 더 떨어진다. 경제 전체가 패닉상태에 빠진다.

이때 나온 정책이 바로 1932년에 당선된 프랭클린 루스벨트 대통령의 '뉴딜정책'이다. 뉴딜정책은 보통 정부가 댐 건설 같은 대규모 공공사업을 벌어 고용을 인위적으로 창출해 경제를 되살리는 정책으로 알려져 있다. 하지만 실제 뉴딜정책의 핵심은 '불평등을 줄이기 위한' 광범위한 경제제도 개선과 사회복지의 제공이다. 부자 세금과 기업 법인세를 올리고, 사회보장제도를 도입하고, 저소득층에게 식비 지원을 하고, 의료보험을 도입하고, 노동조합의 단체교섭권을 인정하는 등의 정책이 이때 대부분 자리를 잡는다. 경제 분야에서는 금본위제를 폐기하고, 중앙은행의 '최후 대부자 기능' 및 은행 건전성 감독을 강화했다. 상업은행과 투자은행을 분리하는 금융개혁도 이때 시작됐다.

지금은 뉴딜정책이 대공황 뒤 불황 속에서 당연히 펼쳤어야 하는 정책으로 평가받는다. 그러나 1930년대 미국인들에게 뉴딜정책은 매우 급진적인 정책이었다. 1920년대까지 미국을 강고하게 지배하고 있던 억만장자 재벌들의 체제를 뒤집는 정책이었기 때문이다.

뉴딜정책의 결과 미국에는 오랜 기간의 호황기가 찾아온다. 이 시기를 폴 크루그먼은 '대압착 시대Great Compression'라고 부른다. 소득이 높아지면서 동시에 평등도가 높아졌기 때문이다. 실제로 뉴딜정책이 도입된 뒤인 전후 호황기에는 미국 일반 가정의 소득이 안정적으로 상승했다. 요즘의 화폐가치로 따지면, 가구당 25년간 2만 2000달러에서 4만 4000달러로 두 배가 늘어난다. 게다가 모든 계층의 소득이 비교적 평준화된 양상을 유지한다. 특히 저소득층 노동자들은 그 어느 때보다도 형편이 좋았다. 1966년의 미국 최저임금은 2010년 가격으로 약 8달러였다. 2014년 미국의 최저임금은 그 수준을 넘지 못한 7.25달러다. 1970년대 초 미국 30대 남자의 수입은 2007년보다 14퍼센트 더 높았다. 이들에게는 1970년대가 지금보다 좋았던 것이다. 삶의 안정감도 생겼다. 2차대전이 끝날 무렵 미국의 의료보험 가입자 수는 인구의 30퍼센트였다. 그런데 1966년에는 80퍼센트까지 늘어났고, 1970년에는 85퍼센트를 넘어섰다. 실업률은 매우 낮았고, 실업보험 혜택도 컸다.

뉴딜정책이 지나친 분배 정책이고 시장에 대한 비효율적 국가 개입이라고 비판하던 보수주의자와 보수 경제학자들은, 이런 번영이 오래 갈 수 없다고 믿었다. 그러나 평등에 기반한 번영의 시기는 최소 25년 이상 지속됐다.

조지프 스티글리츠, 문제는 99퍼센트를 위한 정치다

조지프 스티글리츠 콜롬비아대 교수는 『불평등의 대가』에서 모든 문제를 미국 인구 상위 1퍼센트와 그 계층을 옹호하는 정치세력의 문제로 환원한다. 미국은 인구의 상위 1퍼센트가 국민소득의 약 20퍼센트를 차지하고 있다고 한다. 그런데 이 상위 1퍼센트가 소득의 약 20퍼센트를 저축한다고 할 때 그 소득 가운데 5퍼센트를 하위계층이나 중위계층에게로 이동시키면 총 수요는 곧바로 1퍼센트가량 상승한다는 게 스티글리츠의 분석이다. 이 돈이 유통되면 국민총생산(GDP)은 1.5~2퍼센트가량 올라간다는 것이다. 그만큼 실업률도 내려갈 것이다.

문제는 이 1퍼센트가 자기 몫을 내놓기는커녕 '지대rent추구'에 열중한다는 것이다. 이들은 부를 창출하기보다는 다른 사람들의 부를 빼앗아 가지려고만 한다. 은행이 서민들에게 제대로 된 정보를 주지 않고 고리대출을 일삼으며 돈을 버는 것, 대기업 경영진이 노동자들은 해고하면서 자신들의 보수는 끊임없이 올리는 것 등이 지대추구 행위다. 스타글리츠는 이런 불평등을 완화해야 할 정치가 오히려 이 1퍼센트를 옹호하면서 불평등을 부추기고 있다고 지적한다. 1퍼센트는 자신들에게 유리한 방향으로 게임의 규칙을 정하려고 막대한 금액의 정치후원금을 내놓는다. 정치인이나 관료가 공직에서 물러난 뒤에는 좋은 자리를 제공해준다며 회유하기도 한다. 이들에 견줘 99퍼센트가 가진 한 표의 힘은 허약하기만 하다.

사실 1퍼센트가 내놓는 논리는 모두 틀린 것으로 이미 드러났다고 스티글리츠는 말한다. 예를 들어 '부자들에 대한 세금을 깎아주면 전체 경제가 좋아질 것'이라는 오래된 경제정책의 가설을 보자. 전혀 사실이 아니다. 레이건 정부 때 소득세 최고세율을 70퍼센트에서 28퍼센트로 낮춘 뒤부터 불평등만 심화됐다.

정부는 시장보다 무능하므로 작은 정부, 민영화, 규제완화가 성장을 촉진한다? 그렇지 않다. 대공황 뒤 뉴딜정책에서 보듯, 성공적인 경제 뒤에는 늘 정부의 결정적인 역할이 있었다. 정부는 부유층으로부터 부의 일부를 세금으로 거두어 공교육 같은 공공투자에 투입하며 사회의 불균형을 바로잡아야 한다. 그러려면 정부가 강해야 한다.

노동자들의 과도한 고용 보장과 임금 인상 요구를 들어주다 보면 성장이 지체된다? 그렇지 않다. 노동시장 유연성이 가장 높은 미국은 강력한 노동자 보호 정책을 시행하는 스웨덴, 독일보다 경제성과가 떨어진다.

이런 사실을 더 많이 알리며 99퍼센트를 위한 정책이 펼쳐지도록 정치적 민주주의를 확대하는 게 결국 불평등을 해소하며 경제성장을 이루는 길이라고 스티글리츠는 역설한다.

불평등을 해결하는 세 가지 방법

이런 불평등을 어떻게 해소할 수 있을까? 세 가지의 길을 더듬어볼 수 있다. 대표적인 논자들의 책을 통해 짚어보자.

첫 번째로 '성장을 통해 불평등을 해소하자'는 논리를 살펴보자. 앵거스 디턴Angus Deaton 프린스턴대 교수는 『위대한 탈출』(한국경제신문사, 2014)이라는 책을 통해 '경제성장이 인류를 빈곤과 질병으로부터 탈출시켰다'는 요지의 주장을 펼쳤다. 성장 과정에서 일부 불평등이 등장하기도 하지만, 그 불평등을 원동력으로 자본주의는 더 성장해 결국 평등을 이루고야 말았다는 게 그의 역사 해석이다.

디턴 교수는 결국 자본주의가 성장을 불러왔고, 성장이 인류가 가진 대부분의 중요한 문제들을 해결해가고 있다고 말하며 자본주의 성장모델을 옹호한다. 예를 들면 인류는 분명하게 빈곤과 궁핍으로부터 탈출하고 있다. 자본주의 이전에는 상상조차 할 수 없었던 일이다. 또 질병 퇴치로 평균수명이 획기적으로 늘었다. 자본주의 이전 유럽인의 평균수명은 30~40세에 지나지 않았다. 그런데 이제는 100세 시대를 눈앞에 두고 있다. 디턴 교수에 따르면 경제성장으로 인류 전체의 영양 및 위생상태가 나아졌기 때문이다.

이 모든 문제는 고대 로마의 황금기도, 귀족정도, 공화정도, 봉건사회도, 심지어 사회주의도 해결하지 못한 것이다. 하지만 많은 이들이 불평등하다고 비판하는 자본주의는 경제성장을 통해 그 어떤 시대보다도 불평등을 줄이고 있다. 불평등을 성장동력으로 번영과 동시에 평등한 시대를 이룩한 것이다. 이런 맥락에서 디턴 교수는 개발도상국에 공적원조(ODA)를 제공하지 말고 불평등 상태를 그대로 두어야 스스로 성장할 힘을 얻게 된다고 주장하기도 한다.

그러나 디턴 교수를 위시한 성장론자들의 이야기는 낡은 해법이다. 현실성도 낮다. 사실 경제성장이 빈곤이나 질병 등 인류의 오랜 문제를 해결하는 데 분명 도움이 됐다는 점을 부인하는 이들은 거의 없다. 조지프 스티글리츠나 폴 크루그먼, 심지어 토마 피케티조차도 성장의 순기능을 중시한다. 피케티는 더 나아가 어느 정도의 불평등은 자본주의 역동성을 위해 필요할 수도 있다는 견해를 밝힌다. 다만 자본주의의 역동성과 성장 잠재력을 갉아먹는 정도까지 불평등이 커진 점을 우려하고 있는 것이다.

오히려 성장만으로는 불평등 문제가 해결되지 않는다는 증거가 점점 더 많이 드러나고 있다. 경제성장의 과실이 상위계층에 떨어지면 낙수효과를 통해 사회 전체에 그 온기가 퍼진다는 논리를 믿는 이들은 이제 주류경제학자나 기업가들 사이에도 거의 없다.

두 번째의 견해로 '분배론' 또는 '경제민주화론'을 들 수 있다. 한 사회의 경제에서 기업은 부가가치를 생산한다. 생산된 부가가치는 여러 군데로 분배된다. 노동자에게 임금으로 지급되고, 주주에게 배당 등으로 지급되고, 협력업체에 대금으로 지급된다. 이게 바로 1차 분배다. 장하성 고려대 교수는 저서 『한국 자본주의』(헤이북스, 2014)를 통해 한국 경제의 가장 큰 문제는 이 1차 분배가 제대로 이루어지지 않는다는 데에 있다고 지적한다. 장 교수는 '자본주의를 고쳐 쓰자'고 주장하면서 다른 근본적이고 급진적인 대안을 내놓는 것보다, 당장의 임금 불평등부터 해소하는 게 먼저라는 해법을 내놓는다.

한국의 경제성장률은 실제로 선진국 가운데 상당히 높은 수준인데, 실질임금은 계속 정체상태에 빠져 있는 기묘한 상황에 놓여 있다. 그 원인 중 가장 중요한 것으로 GDP 중 가계소득이 차지하는 비중과 노동소득 분배율이 점점 낮아지고 있다는 점이 지적된다. 장 교수는 이에 착안해 한국 경제의 가장 중요한 과제는 노동자들에게 임금이 더 분배되도록 하는 것이라고 말한다. 따라서 대기업과 중소기업 노동자 사이의 임금 격차를 해소하는 것도 중요한 과제가 된다.

분배를 앞세우는 불평등 해법은 분명 현실성이 있고 정치적 폭발력도 있다. 공공 영역에서의 정책도 필요하겠지만 민간 영역의 기업이 함께 움직여야 한다는 점에서 정치적 힘을 얻는 것이 매우 중요한 방법이다.

세 번째로 들 수 있는 것이 '재분배론' 또는 '복지국가론'이다. 장하준 케임브리지대 교수는 『장하준의 경제학 강의』(부키, 2014), 『무엇을 선택할 것인가』(부키, 2012) 등 다양한 책을 통해 '재분배'의 중요성을 역설한다. 기업에서 생산된 부가가치를 임금 등으로 1

차 지급하는 게 '1차 분배'라면, 재분배는 1차 분배를 마친 나머지를 국가가 세금 등의 방법으로 취한 뒤 이를 필요한 곳에 다시 나누는 것이다. 우리가 흔히 '복지'라고 부르는 정책이 바로 재분배에 해당된다. 장하준 교수는 지금 우리 자본주의에 필요한 정책은 보편적 복지를 기본으로 한 복지 정책이라고 매우 강력하게 주장한다. 또한 부자뿐 아니라 소득이 있는 대부분의 국민이 함께 부담하는 보편적 증세를 통해 그 재원을 마련해야 한다고 본다.

재분배론의 해법은 분배론의 해법에 견줘 상대적으로 현실성은 낮다. 재정 부담을 크게 늘릴 가능성이 높아 증세론과 직접 연결되기 때문이다. 정치적으로도 가장 풀기 쉽지 않은 문제가 바로 세금을 올리는 문제다. 다만 이론대로만 진행된다면 문제 해결 가능성은 가장 높을 것으로 보인다. 실제로 불평등 문제를 좀 더 들여다보면, 성장의 해법, 분배의 해법, 재분배의 해법 모두 필요한 구석이 있다.

새로운 경제, 새로운 삶의 방식이 필요하다

한국 경제는 당장의 분배 문제가 심각한 것만은 분명하다. 경제성장의 한 과실인 부가가치가 우선 그 생산에 기여한 이들에게 제대로 돌아가지 않고 있는 문제가 바로 1차 분배 문제다. 이를 해결하려면 특히 저임금 노동자들에게 좀 더 높은 임금이 지급되도록 하는 게 불평등 개선의 가장 중요한 첫걸음이 될 것이다.

하지만 한편으로는 임금소득 개선만으로는 해결되지 않는 문제들도 있다. 예를 들면 기술의 놀라운 발전은 전체 인류의 능력을 점점 더 신장시키지만, 동시에 개인이 생산에 기여할 수 있는 능력은 빠른 속도로 퇴화시키기도 한다. 예전에 타자 기술은 전문직으로 취업할 수 있는 특별한 능력으로 취급받다가, 불과 10~20년만에 누구나 습득할 수 있는 범용기술로 변화했다. 컴퓨터로 문서를 작성하는 능력은 한때 자격증 취득 붐이 일 정도로 전문적 능력으로 여겨졌지만, 이제 누구도 돈을 받고 문서를 작성해줄 수 있다고 생각하지 않는다. 3D프린터가 나오고, 로봇이 등장하고, 의료·법률 기사 작성 등 고도의 지식노동까지 대체하는 알고리즘과 소프트웨어가 쏟아져 나오고 있다. 우리가 알고 있는 대부분의 직업은 이런 기술의 변화 앞에서 사라지고 말 것이며, 그 자리를 다시 새로운 직업들이 채우게 될 것이다.

문제는 그런 상황에 적응하지 못하는 이들은 고용 자체가 어렵게 된다는 것이다. 현재의 노동자에게 충분한 임금을 지급하는 것만으로 불평등 문제가 해결되기 어려운 이유가 바로 여기에 있다. 새로운 지식을 습득하는 능력을 갖춘 소수와 그렇지 못한 다수를 양산하는 현재의 시스템이 이어진다면, 소수가 얻는 부는 점점 더 커지고 고용은 줄어들며 불평등은 더 커지기만 할 수도 있다. 고용된 이들의 임금을 좀 더 높인다고 하더라도 말이다.

여기서 도입해야 할 정책이 바로 평생교육, 직업교육 등의 적극적 노동시장 정책이다. 그리고 본격적인 재분배 정책이 필요하다. 전체 시스템을 설계할 수 있는 능력과 힘을 갖춘 이들, 즉 대기업과 자본으로부터 세금을 거두어 수많은 현재의 또는 잠재적 노동자들이 자유롭게 새로운 지식을 배우며 습득하고 실험할 수 있도록 하는 데에 흘러들어가도록 하는 게 바로 적극적 노동시장 정책이다. 이를 통해 사람들이 새로운 직업을 찾아가는 여유를 만들어 줄 수 있다. 기본적 생존과 관련된 복지를 보편화하는 노력은 이런 맥락에서 중요하며, 이를 재분배 정책이라고 요약할 수 있다.

성장은 분배와 재분배가 원활하게 진행될 수 있도록 양분을 공급해준다. 물론 기술의 빠른 발달로 생산성은 점점 더 빠르게 높아질 것이라는 낙관적 전망이 지배적이다. 하지만 과거의 성장 방식을 이어가면서 성장을 달성한다고 해도 분배와 재분배에서 막혀 불평등을 해결하기 어려워질 수 있다. 그래서 새로운 패러다임의 경제적 기회를 만들어내는 노력이 필요하다. 최근 관심을 끌고 있는 공유경제와 사회적경제가 그런 새로운 패러다임의 하나다.

공유경제는 자동차나 건물 등 자산을 새로 만들어내는 대신 기존의 것을 공유하고 활용도를 높이는 방식의 경제활동을 뜻한다. 가정집의 숙박공간을 인터넷을 통해 숙박업으로 연결한다든지, 개인이나 기관이 보유한 자동차 정보를 인터넷으로 공유해 자동차 렌트업으로 연결하는 등의 일이 여기에 해당한다. 이렇게 하면 충분한 서비스를 생산하면서도 실물 생산을 줄여 환경자원을 절약하고 지구의 지속가능성을 높일 수 있다는 게 기본 취지다.

사회적경제는 사회적기업, 협동조합, 마을기업처럼 이윤이 아니라 다른 공동체적 목적을 가진 사업조직이 벌이는 경제활동을 뜻한다. 이런 사업이 늘어나면 기업이 잘 운영될수록 사회문제도 더 잘 해결되는 선순환 구조가 만들어질 수 있다.

이런 새로운 경제적 기회는 사회의 지속가능성을 높이며 불평등을 줄이는 것 자체를 사업의 목표로 한다. 여기에 맞추어 금융, 소비 등 다양한 산업생태계가 새롭게 조직될 수 있다. 불평등과 같은 사회문제를 키우면서 성장하는 기존의 경제 패러다임 대신, 이런 새로운 패러다임의 경제적 기회가 늘어나면 경제성장에도 도움을 주는 동시에 불평등이 완화되는 결과를 얻을 수 있을 것이다.

마지막으로 무엇보다 중요한 것은 삶의 패러다임이 새롭게 재조직되는 일일 것이다. 당장의 분배와 재분배가 잘 된다 하더라도, 사회문제 해결에 기여하는 방식의 성장모델이 자리를 잡는다 하더라도, 그 안에서 살아가는 개인들의 삶이 바뀌지 않으면 문제는 제자리걸음을 할 수밖에 없다.

분배를 더 한다고 해도 소득이 무한정 늘어날 수는 없다. 획기적 재분배를 기획하더라도 국가재정 부담을 넘어설 수는 없는 일이다. 공유경제와 사회적경제가 주류경제 패러다임이 되려면 시간이 걸릴 것이다. 최소한 그동안의 삶은 분명 조금 덜 성장하고 좀 더 평등하며 지속가능한 그 어떤 것이 되어야 이 모든 변화와 결을 같이 하게 될 것이다. 덜 쓰고 오래 가는 삶을 기획하는 일, 소비를 키우는 것이 아니라 사회적 가치를 키우는 일에서 보람을 느끼는 삶을 찾는 일, 새로운 환경에 맞게 '좋은 삶'을 다시 정의하고 받아들이는 일을 개인들이 함께해야 궁극적으로 불평등 문제에 대한 해결책은 빛을 발할 수 있을 것이다.

이원재 희망제작소 소장

1장

지금 이 순간의 불평등

숫자로 보는 한국의 비참

『분노의 숫자』
새로운사회를여는연구원 지음, 동녘, 2014

이 책이 시종일관 던지는 숫자들은 현기증을 불러올 정도로 충격적이다. 하나하나의 통계수치들이 전부 암울해서 고개를 돌리고 싶을 지경이다. 뒤르켐$^{Emile\ Durkheim}$이 위대한 사회학자로 지금까지 평가되는 여러 가지 이유가 있지만 그중 가장 주요한 하나는, 자살을 '사회적 사실'로 바라본 것이었다. 인류는 뒤르켐을 통해 개인의 실존적이고 비극적인 선택으로서의 자살이 아니라 사회현상으로서의 자살을 처음으로 만나게 되었다. 이후 많은 시간이 흘렀고, 이제 교육받은 시민들은 통계적으로 드러나는 삶의 지표(이를테면 출산율)와 죽음의 지표(이를테면 자살률)가 어떤 사회의 문제를 드러내는 것이라고 이해한다. 어떤 시기, 어떤 공간에서 구성원의 자살이

별나게 많아졌다면, 거기에는 분명 사회적 배경이 도사리고 있다.

『분노의 숫자』는 삶과 죽음의 숫자들, 그리고 스치듯 지나쳤지만 미처 기억하지 못한 숫자들을 차곡차곡 모아 한국사회의 참혹한 모습을 적나라하게 폭로한다. 그야말로 숫자로 들여다본 "세계의 비참La misère du monde"(피에르 부르디외Pierre Bourdieu)이다.

매트릭스의 숫자들

이 책에 많은 숫자들이 등장하지만 역시 가장 직관적인 건 삶, 죽음, 고통(질병)에 관련된 숫자들이다. 출산율부터 보자. "출산율과 사망률이 모두 낮은 국가들은 노동인구의 비율이 급격하게 감소하는 문제를 겪고 있는데, 그중에서도 특히 한국은 이 변동이 매우 급격하게 나타난다. OECD 주요 국가들의 출산율 변화와 비교해보면, 한국은 가장 높은 출산율에서 가장 낮은 출산율로 옮겨가고 있다는 것을 알 수 있다. 1970년대 4.53명에서 1990년 1.57명으로 20년만에 OECD 평균보다 낮아졌으며, 2005년에는 1.07명으로 최저를 기록했다."(22쪽) 당연하게도 짧은 시간 동안 급전직하한 출산율에는 사회적 이유가 존재한다. "아이를 낳아 기르기 힘들어서 반강제적으로 출산을 포기하는 경우가 많기 때문"(23쪽)이다. 엄청난 교육비 부담, 유아 사교육 시장만 확대시키는 정부의 보육지원정책, 초경쟁사회에서 탈락했을 때의 위험 등을 고려하면 출산율이 바닥을 기고 있는 것은 너무나 자연스럽다.

그럼 죽음의 숫자, 구체적으로 자살률을 한번 들여다보자. 2011년 한국의 자살률은 인구 10만 명당 33.3명으로 OECD 33개 국가

중 최고를 기록한다. 세계적으로 자살률이 낮아지는 추세였음에도 한국의 자살률은 증가해왔다. 더 끔찍한 사실은 세계 1위 자살률의 내용이다. 노인 자살과 청소년, 청년의 자살률이 타의 추종을 불허하게 높게 나타난다. 노인 자살률은 세계평균과 너무 차이가 커서 재확인하게 될 정도다. 2010년 기준 65세 이상 노인 자살률이 OECD 평균 20.9명인데 반해 한국의 노인 자살률은 무려 80.3명이다(10만 명당). 한국 노인들의 자살은 빈곤형 자살이다. 기본적인 생활비나 치료비가 없어서 스스로 목숨을 끊는 경우가 많다. 10대 청소년 자살률도 아주 높다. 더 문제인 건 증가 추세라는 점이다. "통계청의 사망원인통계에 따르면 2010년 15~19세 청소년들 중 전체 사망자가 905명인데, 그중 자살을 한 청소년은 289명이다. 이는 청소년 전체 사망자 중에서 31.9%에 달하는 비율이다." (46쪽) 한국 청소년들이 자살을 택하게 된 이유 중 가장 큰 비중을 차지하는 건 '학업성적'이다. 엄청난 입시경쟁 압력이 10대를 죽음으로 내몰고 있는 것이다.

질병과 고통에 관한 숫자도 주목할 만하다. 한국에서는 2013년까지 건강보험 누적 흑자가 9조 원에 육박했다. 게다가 흑자폭이 갈수록 커지고 있다. 의료비 증가율이 물가상승이나 경제성장률보다 훨씬 높은 나라에서 대체 이게 어찌된 일일까. 국민들이 하루아침에 건강해지기라도 한 것일까? 물론 국민들이 건강해져서 그런 건 아니었다. 사람들이 아픈데도 돈이 없어서 병원을 가지 않았기에 건강보험 재정이 큰 폭으로 흑자가 난 것이다.

경제성장도 지체되는데 부의 분배와 재분배조차 제대로 일어나지 않으니 사회는 아래에서부터 붕괴할 수밖에 없다. 『분노의 숫자』가 보여주는 여러 지표들은 고통에 몸서리치는 약자들의 비명소리다. 문제는 하나의 소실점으로 수렴한다. 바로 '불평등'이다.

낙수효과론의 종말

폴 크루그먼에 따르면, 신용평가회사 스탠더드앤드푸어스는 최신 보고서에서 "심각한 불평등이 지속적 경제성장의 장애물"임을 인정했다고 한다. 리버럴과 좌파들은 원래 낙수효과론, 그러니까 부자들이 많이 벌어야 그 부가 흘러내려와 경제성장을 촉진한다는 가설에 시큰둥해하거나 코웃음을 쳐왔지만 우파들에겐 '전가의 보도' 같은 논리였다. 그런데 이제 우파들조차 낙수효과론을 주장하기 어렵게 됐다. 여전히 한국 우파는 좀 예외이긴 하지만.

부가 위로 빨려 올라가기만 하고 내려오지 않기 때문에 국민경제는 점점 더 악순환에 빠져들 수밖에 없다. 부자들은 돈 놓고 돈 먹는 데 여념이 없고, 중산층 이하는 돈이 없어 돈을 못 쓰니 경제가 활력을 잃는 건 너무나 당연한 노릇이다. 「한국에서 자산빈곤의 변화추이와 요인분해」(2011)라는 논문에서 이상은, 이은혜, 정찬미는 "자산의 전반적 성장에 의한 빈곤 감소효과보다 분배 악화에 의한 빈곤 증가효과가 훨씬 컸다"라고 지적한다. 성장률 자체도 낮거니와 성장의 열매가 고루 분배되지 않는다는 것이다.

'엔진'을 돌리려면 인위적, 강제적인 방법으로라도 재분배를 실현해야 하는 상황인데 이게 쉽지가 않다. 참여정부 당시 종부세(종합부동산세) 논란과 끝내 누더기가 된 종부세의 몰골을 보면 기득권층의 저항만이 아니라 국민 일반의 세금에 대한 인식이 얼마나 부정적인지 잘 알 수 있다. 많은 사람들이 전혀 종부세 대상이 아님에도 종부세에 극렬하게 반대했다. 대체 왜 그랬을까? 쉽게 말해 그들은 종부세 대상인 부자들과 자신을 동일시했던 것이다. 현재 자신이 속한 계급의 이익이 아니라 선망하는 계급의 이익을 대변하는 이런 현상은 마치 스톡홀름신드롬을 연상시키는데, 불과 얼마 전까지만 해도 계층 이동이 매우 활발했던 사회라는 점에서 하나의 이유를 찾을 수 있을 것 같다. 불평등의 완화, 재분배가 경제로만 환원될 수 없는 정치 문제이면서 동시에 이데올로기 문제임을 웅변하는 에피소드라 할 수 있다.

이명박 정권을 거쳐 박근혜 정권하인 지금에는 좀 다를지 모르겠다. 점점 더 많은 사람들이 이제 한국사회가 예전 같은 초고속 성장이 불가능하다는 것을 받아들이고 있음은 확실하다. 낙수효과에 대한 회의감도 확산되었다. 문제는 한국사회의 불평등이 구조화되어서 이미 대증적 처방으로는 전혀 흐름을 반전시킬 수 없는 상태에 놓였다는 점이다. 신진욱 중앙대 사회학과 교수는 단순히 자산소득 불평등에만 주목하는 기존 연구들에서 좀 더 나아가 다른 OECD 국가와의 유형 비교를 시도한다. 그는 「한국에서 자산 및 소득의 이중적 불평등」(2011)이라는 제하의 연구에서 자산 불평등과 소득 불평등 간의 관계에 대해 좀 더 정교한 논의를 전개하고 있다. 이 연구에 따르면 선진자본주의 국가에서 자산 불평등과 소득 불평등은 어느 한쪽이 다른 한쪽의 상대적 평등에 의해 상쇄되는 패턴을 보이는 데 반해, 한국에서는 2000년대 이후 자산 불평등과 소득 불평등의 동반상승으로 임금소득과 가계자산 중 어느 쪽으로도 경제적 필요를 충족하기 힘든 이중적 불평등 구조가 심화되고 있다. 실제 스웨덴 등 스칸디나비아 국가들 중 일부는 낮은 소득 불평등과 높은 자산 불평등을 보이고 있다. 그런데 한국은 소득 불평등이 OECD 국가 중 가장 높고 자산 불평등이 중간 수준인 D유형에서 소득 불평등과 자산 불평등이 모두 극단적으로 높은 A유형으로 이행하는 추세다. A유형의 대표 국가는 미국으로, 자산 불평등과 소득 불평등에서 다른 어떤 국가도 따라올 수 없는 (거의 그래프 밖으로 튀어나갈 정도의) 압도적 수치를 보여주고 있다.

한국은 토지가 전체 부의 절반 정도 비중을 차지하고 있으며, 이는 다른 선진국가와 비교해 매우 높은 비중이다. 자산 불평등 문제에서 부동산 문제를 빼놓을 수 없는 이유다. 소득 불평등이 다시 자산 불평등을 강화하는 구조 속에서 아무리 강조해도 지나치지 않은 문제가 바로 불안정·비정규노동 문제다. 도식적으로 표현하자면 자산소득 불평등은 부동산 문제와, 근로소득 불평등은 비정규직 문제와 직결된다. 두 가지 문제는 공히 21세기 한국사회의 가장 첨예한 모순이라 할 수 있다. 현대 자본주의 사회에서 일반 시민이 부를 축적하는 세 가지 경로는 소득, 자산, 복지인데 한국사회는 지금 이 세 가지 중 어느 하나도 제대로 작동하지 못하고 있다. 소득도 불평등하고 자산도 불평등한데 복지도 미비한 사회. 이런 사회에서 미래를 계획하고 희망을 이야기하는 건 한갓 백일몽이거나 역겨운 기만일 뿐이다.

지난 20년의 이른바 신자유주의 개혁 결과, 저축은커녕 사채를 끌어다 교육비와 생활비를 대야 할 지경에 놓인 '워킹푸어'들이 양산됐다. 가계부채 문제가 한국 경제의 뇌관이 된 지도 오래됐다. 심지어 국책연구기관이 나서서 "법인세를 다시 인상하는 것이 불가피하지 않을까"라고 제안할 정도로 현 시기 경기침체 추세는 심상치 않다(「한국경제의 구조적 과제: 임금없는 성장과 기업저축의 역설」, 박종규, 한국금융연구원, 2013).

겨울이 온다, 무엇을 할 것인가

세계적 신드롬을 일으킨 토마 피케티의 『21세기 자본』(글항아리, 2014)이 다루는 핵심주제도 바로 이 문제와 직결되어 있다. 피케티는 자본수익률(r)이 국민소득증가율 혹은 성장률(g)보다 높다는 점을 핵심모순으로 보았다. 그것이 유명한 피케티의 부등식(r>g)이다. 자본수익률이 국민소득 증가율보다 크다는 말은 곧 자본 소유자들, 즉 부자들이 경제성장률보다 더 높은 수익을 올린다는 것이다. 피땀 흘려 일해서 번 돈이 아니라 기존에 쌓여 있거나 물려받은 재산을 통해 벌어들이는 돈이 결정적인 차이를 만들어내게 된다.

물론 피케티의 자본 개념은 마르크스Karl Marx가 말한 그것과는 다르다. 노동소득, 자본소득 등을 모두 합한 총체적 부富 혹은 재산wealth에 가까운 개념이다. 따라서 마르크스가 말한 이윤율과 피케티가 말하는 자본수익률도 다른 것일 수밖에 없다. 피케티는 최상위계층으로 소득이 집중되는 소득 불평등 현상을 완화시키지 않는 한 미래가 더 참혹할 것이라고 경고하고 있다. 그는 성장률을 다시 끌어올려서 자본수익률을 초과하게 만드는 일은 일어나지 않는다고 봤다. 대안은 무엇인가? 피케티는 노동자 혁명을 요청하지 않는다. 그가 해결책으로 제시한 건 소득세율을 높이고 부유세를 부과하는 것이다.

불평등을 직시하라는 메시지는 피케티나 『분노의 숫자』를 쓴 새로운사회를여는연구원이나 크게 다르지 않다. 고도성장은 끝났는데 불평등은 점점 심각해지고 있다. 이대로 가면 우리는 공멸할 것이다. 숫자들이 보여준 것처럼 그것은 가장 약한 사람부터 고통스럽게 사라지는, 그런 공멸이다. 겨울이 온다. 무엇을 할 것인가?

박권일 프리랜스 저널리스트

가난은 죄인가

『죄송합니다, 죄송합니다』
김윤영·정환봉 지음, 북콤마, 2014

이 나라에서 가난은 죄다. 그것도 가족과 함께 혹독한 죗값을 치러야 하는 연좌제 같은 형벌이다. 가난으로 인해서 가족들이 같이 죽어간다. 아들이 수급권이 잘리는 것을 막기 위해 늙은 아비가 자살하고, 갑자기 나타난 부양의무자가 소득이 있다고 수급권자에서 탈락한 할머니가 음독하고, 소득이 없는 어미는 두 딸과 함께 연탄가스를 피워 동반 자살하는 나라. 오늘도 이 나라 어느 곳에서는 가난에 온갖 모욕을 당하다가 일가족이 동반 자살했다는 뉴스가 실릴지 모른다. 뉴스의 한 꼭지도 제대로 장식하지 못하는 소식은 곧 잊히고 만다. 세상은 곧 조용해진다.

가난은 나랏님도 구제하지 못한다는 옛말을 고스란히 답습하고 있는 나라. 그런 나라에도 빈곤층을 구제하기 위한 제도가 있다. 바로 기초생활보장법이다. 그런데 기초생활수급권자가 되기 위해서는 먼저 통과해야 하는 관문이 있다. 내가 얼마나 가난한지를 서류로 증명해야 한다. 실제 생활보다도 관계 공무원에게 더 중요한 것은 전산화된 자료다. 그 자료에 따라서 추정소득이 계산되고, 간주부양비가 계산된다. 이론상으로는 계산이 가능할지 모르지만 가난한 이들에게는 가짜소득이다. 가짜소득으로 계산된 만큼이 제해진 뒤 빈곤층에게는 한 달 최대 40만 원에도 못 미치는 생계비가 전달된다. 그것도 제대로 모두 전달되지는 않는다. 소득이 잡히면 온 가족의 생명줄인 수급권자에서 탈락하기 때문에 소득이 드러나지 않는 일만 골라서 해야 하는 청년들도 있다.

다시 묻힌 송파 세 모녀의 죽음

『죄송합니다, 죄송합니다』는 '송파 세 모녀 사건'으로 알려진 사건의 현장을 〈한겨레〉의 정환봉 기자가 추적하는 기사로부터 시작한다. 세 모녀가 죽어가면서 남긴 유서는 이랬다.

"주인아주머니께… 죄송합니다. 마지막 집세와 공과금입니다. 정말 죄송합니다."

짧은 유서와 함께 70만 원을 남기고 죽어간 세 모녀. 그들에게 기초생활보장제도나 긴급복지지원제도는 유명무실했다. 대통령은 마치 이들 세 모녀가 복지제도를 잘 알지 못해서 이를 이용 못한 것처럼 말했지만, 그들이 실제 한국에서 받을 수 있는 복지혜택은 없었다. 그들은 절망 끝에 함께 목숨을 끊었다. 같이 살던 고

양이도 함께. 그들은 짧은 유서 속에서 죄송하다는 말을 두 번씩이나 했다. 뭐가 그리 죄송했을까? 누구에게도 의지하지 않고 누구의 도움도 마다했던 사람들의 죽음 앞에서 우리 사회는 다시 한 번 크게 동요했다.

그리고 이런 죽음들이 계속 이어져왔음을 확인했다. 이번에도 정부가 나섰다. 전국에 걸쳐서 가난한 이들의 실태를 전수조사하고 대책을 세워야 한다고 야단법석을 떨었다. 여야는 앞다투어 '송파세모녀법'을 발의했다. 하지만 거의 실효성이 없는 법안들을 두고 정쟁만 일삼다가 2014년 연말 국회에서 법을 통과시켰지만, 그 법은 그나마 있던 기초생활보장법의 토대를 허물어버렸다. 이 법이 도입된 지 15년 만에 제대로 된 복지법으로 재탄생한 게 아니라 복지제도로서의 기능도 할 수 없도록 만들어버렸다. 그래놓고 '송파세모녀법'이라고 하니 죽은 세 모녀를 모독하는 일이다.

송파 세 모녀의 죽음 이후 이에 대한 대책으로 나라가 분주하던 때에 세월호 참사가 터졌다. 세월호 참사는 모든 이슈들을 잠재워버렸다. 송파 세 모녀 사건도 묻히고 말았다. 빈곤 관련 단체들은 분홍 종이배 접기 운동으로 대중적인 여론을 모으고자 했지만 이도 여의치 않았다. 그래서 아주 먼 옛일처럼 느껴지지만 사실은 세월호 참사처럼 1년 전의 일이다. 그런 일이 언제 그랬냐 싶게 잊히고 있다. 필자들은 잊혀서는 안 될 일을 기억하자는 의미에서 이 책을 써내려갔다고 말한다.

책은 송파 세 모녀 사건의 배경이 되는 제도의 허점을 파고든다. 기초생활보장법은 빈곤층도 인간답게 살 수 있는 권리가 있음을 전제로 설계된 복지제도다. 최저생계비의 절반이라는 기준부터가 이상했지만, 어쨌든 출발은 그랬다. 그것이 잔여적 복지라고 해도 거기서부터 복지제도가 더 발전해서 빈곤층의 재활을 도와야 했을 터다. 그러나 운영에서 문제가 많았다. 법과 시행령보다는 담당 부처의 지침이 더 중요한 기준이 되었다. 그리고 그것보다 더 중요한 문제는 이명박 정부 이후 부정 수급권자를 탈락시킨다는 명목을 앞세워 수급권을 받아야 하는 요건을 더욱 까다롭게 만들었다는 점이다. 그런 이유로 수급자는 매년 줄어들었다. 한때 150만 명 이상이던 수급권자가 130만 명 수준으로 떨어졌고, 그의 몇 배 이상이 차상위계층으로 남아 있다. 사실은 그들도 기초생활수급권자가 되어 복지의 혜택을 누렸어야 했다. 정부의 예산에 맞춘 수급자의 조정이라는, 거꾸로 된 법 시행이 낳은 결과였다.

기초생활수급권자들이 갑자기 재심사에서 탈락하는 일도 빈번했다. 연락을 끊고 있던 부양의무자에게 어느 날 갑자기 소득이 생겨서 전산통계에 잡히는 경우다. 이럴 경우 대개 수급권자들은 까다롭고 비현실적인 공무원들의 요구에 고민하다가 수급권을 포기하고는 만다. 그리고는 죽음이라는 막장의 길을 택하곤 하는 것이다. 절망에 빠진 이들을 더욱 절망하게 만드는 시스템. 그리고 관련 사회복지 공무원들도 버거운 업무만이 아니라 심적인 고통에 시달리다가 자살을 하게 한다. 사회복지 공무원들이 담당해야 하는 업무는 지나치게 과중하다. 그들이 실제 현장을 방문해서 수급권자들의 상황을 확인한다는 건 불가능에 가깝다.

우리 사회의 복지 현실은 참담하다. GDP 대비 복지예산은 항상 꼴찌다. OECD 가입국의 복지예산은 평균 22퍼센트 이상이지만, 이 나라는 그 절반에 불과하다. 세계 10위 권의 경제대국이고, 국민소득 3만 달러를 눈앞에 두고 있지만 사회복지에 대한 인식은 저급하다. 시혜적 복지의 시각을 벗어나지 못하는 정치 지도자의 인식부터가 문제일 것이다.

복지에 대한 무지 또는 무시

송파 세 모녀 사건 이후 대통령은 "이분들이 기초생활수급 신청을 했거나 관할 구청이나 주민센터에서 상황을 알았더라면 긴급복지지원제도를 통해 여러 지원을 받았을 텐데, 그러지 못해 정말 안타깝고 마음이 아프다"고 말했다. 대통령의 말대로 기초생활수급을 신청했어도 탈락했을 것이고, 긴급복지지원제도를 이용하려 해도 자격기준 미달로 탈락했을 것이다. 그것이 현실이다. 오히려 그런 제도를 이용하려다가 자존심만 더욱 상했을 가능성이 높다. 현실과 동떨어진 잘못된 이런 인식은 의외로 정치인들 대부분이 갖고 있는 인식이기도 하다. 그래서 야당에서 제출한 세모녀 법안도 본질적으로 정부와 여당의 안과 별반 다르지 않았던 것이다. 이런 인식과 발언은 빈곤에 처한 이들을 더욱 절망하게 한다.

한술 더 뜬 정치인들도 있다. "복지과잉으로 가면 국민이 나태해지고 나태가 만연하면 부정부패가 필연적으로 따라온다." 김무성 새누리당 대표의 말이다. 무상급식을 중단한 홍준표 경남도지사는 "무책임한 무상복지에서 벗어나야 할 때가 왔다"고 말했다. 사회복지를 시혜로 바라보는 정치 지도자들의 인식은 20세기 초

사회복지국가의 초석을 놓았던 유럽 정치인들의 수준에도 채 미치지 못한다. 한심하기 이를 데 없다. 아직도 이 나라는 보편적 복지냐, 선별적 복지냐를 두고 정쟁을 벌인다. 무상급식을 끊은 도지사가 의기양양할 수 있다는 게 도무지 납득이 가지 않는다. 사회복지를 시혜로서가 아니라 가난한 이들의 권리로, 국가의 당연한 의무로 인식하는 의식의 대전환이 일어나야 하는데 참으로 아득하다.

갑자기 권리 얘기가 나오니까 생뚱맞은가? 아니다. 우리는 너무도 기본적인 인식조차 갖추지 못하고 있다. 이미 2차대전 이전부터 인류는 사회복지를 권리적 측면에서 인식해왔다. 자본주의 체제에서 가난은 가난한 이들의 운명이 아니라 사회구조적인, 자본주의 시스템에서는 필연적으로 나타날 수밖에 없었던 점을 인정하기 시작했던 역사는 너무도 오래되었다.

사회복지는 국가의 의무다

1948년 유엔UN이 채택한 세계인권선언은 모든 국가가 추구해야 할 인권 세상을 그리고 있다. "인류가 언론의 자유, 신념의 자유, 공포와 궁핍으로부터의 자유를 향유하는 세계의 도래"를 열망하며 이 선언은 마련되었다. 여기서 우리가 주목해야 할 대목이 있다. 바로 "궁핍으로부터의 자유"다. 궁핍으로부터의 자유가 인권이 추구하는 목표다. 생활이 궁핍해서는 인권을 찾을 길이 없다. 오래전에 세계는 궁핍이 인권의 박탈로 귀결된다는 점을 인식하고 있었다. 그런 궁핍으로부터 국민들을 벗어나게 할 의무는 국가가 지고 있다. 유엔의 '경제·사회·문화적 권리에 관한 국제규약'

(사회권 규약)은 불평등을 해소하고 평등한 관계를 만들기 위한 인권적 지향을 담고 있다. 경제적 평등, 사회적 평등을 점차적으로 실현시켜가야 할 의무를 국가에 지어주고 있는데, 국가는 국가가 갖고 있는 최대한의 자원을 동원해서 사회권을 실현해야 한다.

한국사회에서 인권의 문제는 자유권(시민·정치적 권리) 영역에서 사회권 영역으로 급격하게 이동했다. 자유권이 어느 정도 확보된 상황이어서가 아니라 외환위기 이후 사회권이 급격하게 후퇴하고, 생존의 기반이 곳곳에서 허물어졌기 때문이다. 사회 양극화의 심화는 어제 오늘의 일이 아님에도 이런 현상을 심화시켜온 경제정책의 틀을 유지하고 있으니 답답하기 이를 데 없다. 국가는 국민의 생명과 안전을 우선적으로 지켜야 할 의무가 있고, 그러기 위해서는 매일 40명이 넘는 자살부터 막아야 한다. 그들은 대개 최저생계비에도 못 미치는 생활비로 전전긍긍하다가 삶을 포기한다.

언제까지 이런 지옥도를 정상으로 보아야 할까? 이 책의 저자가 지적하듯이 늘 "가난은 정치적"이다. 하지만 이 나라의 정치는 빈곤의 문제를 더욱 해결하기 어려운 국면으로 몰고 간다. 개정된 기초생활보장법이 2015년 하반기에 시행되면 더욱 문제가 복잡하게 꼬일 것이 예상되는데 답답하기만 하다. 송파 세 모녀의 메시지는 우리 사회에 전달되지 않았다. 그래서 더욱 암담하다. 그들의 메시지에 귀 기울일 때는 언제일까.

박래군 인권중심 사람 소장

여기가 서울이야

『서울은 어떻게 작동하는가』
류동민 지음, 코난북스, 2014

지방 일정을 마치고 올라온 일요일, 늦은 시간의 서울역은 인산인해였다. 사람들의 표정에는 서울의 압박을 벗어나서 휴가를 즐겼다는 편안함과 다시 정글의 삶이 시작된다는 두려움이 교차하고 있었다. 자연스레 나는 화장실로 이동했다. 볼일을 보려는 사람은 많았지만 누구에게나 익숙한 경험에 불과하니 그곳에 별다른 소요가 있을 리 없다. 화장실로 들어와서 한 줄로 서서 기다리다가, 자기 차례가 오면 움직인다. 누구는 손을 씻기도, 누구는 지퍼를 올리면서 서둘러 밖으로 나가기도 한다. 수 분 사이에 백여 명 이상이 이 좁은 공간에서 그렇게 행동하며 서로를 지나쳤지만 나름의 질서정연함은 유지됐다.

그런데, 세면대를 이용하는 한 명은 다른 이들과는 달라 보였다. 한눈에 노숙자임을 알 수 있는 그는 바지를 무릎 위까지 걷고, 어두컴컴한 발을 세면대 위에 올린 채 씻고 있었다. 그의 옷은 다른 이들과 너무나 다르고 그에게서 나는 냄새는 독보적이었다. 그 옆에는 다른 노숙자 한 명이 좀 전에 빤 것으로 보이는 양말을 쥐어 짜고 있었다. 이들의 모습은 그 공간 안에서 매우 이질적으로 보였지만, 다른 사람들은 개의치 않고 자신의 일을 순리대로 처리했다. 한데, 화장실로 들어오는 어떤 사람이 마치 이 풍경을 처음이라도 본 듯이 화들짝 놀라며 걸음을 멈춘다. 그 멈칫거림에 뒤따라 들어오던 이와 서로 부딪힌다. 그 둘은 친구 사이였는데, 서울에 오래 산 것으로 보이는 뒤의 사람이 자신을 따라 서울에 놀러온 앞의 친구에게 차분한 어조로 한마디를 한다. "여기가 서울이야." 이 말은 혼잡한 '서울역 화장실' 안에 묵직한 공기가 되어 흘렀다. 마치 상황에 '가장 적합한' 말을 했다는 것을 증명하듯이 말이다.

그가 말한 '여기 서울'은 어떤 곳일까? 단순히 노숙자의 존재나 행동에서 서울의 특징이 발견되지는 않는다. 역station과 노숙자의 앙상블은 시공간을 초월한다. 아주 오래전부터 그래왔고 세계 어딜 가더라도 목격할 수 있다. 집단의 동질성이 강하기에 그 모습에는 차이점도 없다. 집 없이 부랑을 하게 되면 사람 모습은 다 똑같은 것 아니겠는가. 하지만 '노숙자가 아닌 사람들'을 그저 '도시 사람들' 정도로 일반화하기는 어렵다. 대부분의 사람들이 '노숙자가 아닌 삶'을 살지만 그 삶은 결코 같지 않다. 여기서 '서울'이라는 거대하고도 독특한 도시의 특징이 발견된다.

서울, 흥망성쇠를 실시간으로 확인하는 곳

서울은 그냥 도시가 아니다. 온갖 나쁜 지표들에서 1위를 달리는 한국이라는 나라의 수도다. 한국이 '빈부격차'와 그에 따른 '차별이 심한 곳'이라고 한다면 서울은 그 중 으뜸이다. 기성세대에게 신세한탄의 수준을 넘어 자기방어의 의미를 지니는 "내가 그때 말죽거리(지금의 양재역 근처)에 미나리 밭 몇 백 평만 사놓았어도…"(『서울은 어떻게 작동하는가』, 224쪽)와 같은 노동의 무용성을 증명하는 말들도 서울에서 가장 빈번히, 그리고 무척이나 설득력 있게 들린다. 이와 비례하여 '집값 떨어진다는' 이유로 장애인 시설이 아파트 근처에 들어오는 것을 반대하고, 임대아파트가 들어서면 공간을 격리시켜버리는 비상식적인 추악함의 강도도 서울은 훨씬 심하다.

서울은 세계에 몇 안 되는 '천만 도시'답게 무엇이든지 많다. 화려함으로 무장한 곳도 많고 빈곤을 감추지 못한 흔적도 많다. 한쪽은 욕망의 대변인처럼 웅장한 모습이고, 다른 한쪽 역시 욕망의 그릇을 '조금' 채우지 못한 것 같은데 그 결과는 참혹하다. 서울을 이해할 때 가장 중요한 것은, 이 두 양극의 격차가 너무 크고 또한 동시에 존재한다는 사실이다. 서울처럼 '흥망성쇠'의 흔적을 오롯이, 그리고 동시다발적으로 확인할 수 있는 곳은 드물다. 이곳에서는 '노력하면 성공한다'는 명제와 더불어 '성공하지 못했다면 노력이 부족했기 때문이다'라는 왜곡에 동원될 만한 자료들도 쉽게 수집되기에 '능력주의'가 판을 친다(222쪽). 그래서 '위'에서 '아래'로 향하는 차별이 날카로워져도 "당신 업보요!"라고 말하는 '놀라움'

도 서울에서는 '놀랍지 않은' 모습이다.

그런데 여기서 이 도시를 살아가는 사람들의 동력이 발생한다. 일상 안에서 한 도시의 극과 극이 대비될수록, 이것이 일상에서 빈번히 확인될수록, 그리고 이 과정이 '능력주의'라는 말로 포장될수록 이 안에서 '발버둥 치는' 사람은 많아진다. 아래는 위로 향한 동경을 포기하지 못한다. 아래로 떨어진다는 공포감이 극심한 위에서는 '올라오는 이를' 철저히 배제한다. 그렇게 "추격과 탈주, 그 과정의 끝"(278쪽)에서 모두가 삶을 '소진'한다. 그것이 많은 이들을 '흥하게' 하는 결과로 이어지면 좋겠지만 결과는 처음 출발선과 별반 다르지 않다. "서울의 하루는 다른 곳의 하루보다 훨씬 더 많은 일을 해야 살아낼 수 있는 시간"이자 "더 빠른 속도로 옮겨 다녀야 겨우 버텨낼 수 있는 공간이다."(28~29쪽) 그렇다. 서울은 그냥 '사는 것'만으로도 '소진'된다. 이 얼마나 독특한 곳인가.

겪을수록 외면한다

주거공간에 관한 이야기를 하지 않고 어찌 서울이 설명될 수 있을까. 나는 사회학을 공부하는 사람으로서 운 좋게도(?) 고시원(마포구), 옥탑방(서대문구), 다세대주택(은평구), 그리고 "유사아파트"인 빌라(강서구) 생활을 '서울 하늘 아래서' 차례대로 2년씩 경험했다. 지금은 '임대'지만 어엿한 아파트에(강동구) 사니 격세지감을 느낀다. 사는 공간이 달라지면 개인이 누릴 수 있는 권리도 달라진다. 가운데에서 손을 벌리면 벽의 양끝이 닿는 고시원의 '절망감'과 40도가 넘는 실내온도를 유지하는 한여름 옥탑방의 '비루함'은 다를 바 없을 것 같지만 옥탑방으로 이사한 첫날, 샤워를 하고 발가벗은 채로 방에서 물을 닦는 자유를 누릴 때의 '감격'을 아직도 잊지 못한다.

여러 가구가 '한 명의' 주인에게 감시받으면서 세 들어 사는 다세대주택과 각기 집주인이 달라 건물 권력의 평등성이 나름대로 지켜지는 빌라는(부동산에선 이렇게 두 주택을 구분했다) 겉에서 보면 비슷해 보이지만 '삶의 안정감'에 있어서는 엄청난 차이가 있었다. 다세대에서는 세입자의 권리 이전에 주인의 가치가 '법'이 되는 경우가 많았다. 하지만 빌라에서는 최소한 그 건물 안에 살아가는 사람들끼리는 평등했다. 101호 집주인과 102호 세입자 사이에는 아무런 관련이 없기에 가능한 일이었다. 전기세와 수도세가 순수하게 내 집의 것만 적용되는 것도 좋았다. 건물 내 사람들을 n분의 1로 계산하여 전체 공과금을 분할하는 방식에서는 여러 이유로 인해(누진세 적용, 절약의식 부족 등) '1인당 지출비용'이 높을 수밖에 없다. 아파트로 오니 이 모든 민주적 수혜는 물론이거니와 한치의 망설임 없이 배달음식을 시킬 수 있는 점마저 좋았다. 이전에는 골목 곳곳을 비집고 만들어진 건물을 배달원이 찾지 못해 전화를 걸어 위치를 물어보는 일이 잦았다. 그래서 늘 시키는 가게에만 주문을 하는 버릇이 있었으니 이 얼마나 상전벽해인가.

이런 응축된 경험이 한 도시 내에서, 한 개인의 짧은 서사 안에서 이루어지니 자신이 '살았던 공간'에서 벌어지는 황당한 차별들은 무용담의 소재가 되기에 안성맞춤이다. 나 역시 마치 군대 이야기를 하듯이, '누구나 겪는 과정'의 하나로서 과거를 포장하기에 바빴다.

문제는 여기에 '나와 상관없는 사람'도 너무 많다는 서울의 특징이 개입된다는 것이다. 내가 겪은 주거공간의 산전수전 변천사에 전혀 공감하지 못하는 사람들, 내가 여기까지 달려왔건만 감히 넘볼 수도 없는 저 높은 곳에 안착해서 마법을 부리는 사람들이 서울에는 너무 많다. 나는 끝없이 위로 추격했건만, 저 사람들이 한 단계 위로 다시 탈주해버리니 내 위치는 늘 그대로다. 앞서 말한 '능력주의의 굴레'는 여기서 나를 옥죈다. 나는 월세 18만 원짜리 고시원에서 시작해 보증금 1억이 넘는 주거공간을 마련했지만, 서울 하늘 아래에서 그 금액으로 아파트 전세를 산다는 것은 '임대'니까 가능할 뿐이다. 하지만 '위'로 올라갈 재간이 없다. 할 수 있는 건 내 '과거'를 조금 더 과장하는 것뿐이다.

다른 건 모르겠고 그저 내가 열심히 '참으면서' 살았다는 것만 알아주면 된다. 그렇게 "삶의 물질적 조건은 점점 더 자신의 삶을 자기 혼자서는 책임질 수는 없게 변해간다는 역설"을 외면한 인간이 되었다. 나는 '고시원을 탈주'한 스토리 하나를 얻게 되었지만 마찬가지로 임대아파트 주민이 경험하는 유무형의 차별에 늘 노출되고 있다. 아울러 이를 수긍하는 분위기를 쉽사리 깨지 못하면서 말이다. 결국 내가 선택한 미래는 임대딱지를 벗는 것이다. 그리고 '나처럼' 살아서는 안 되는 자녀들에게는 '남들 하는 만큼' 사교육을 투자한다. 그렇게 다시 '소진'을 택한다. 하지만 모두가 이 과정을 택하니 내가 소진의 결과를 얻을 가능성이 높을 리 없다. 그저 서울이라는 도시가 더 흉측한 '괴물'이 될 뿐이다.

가장 불평등하지만 아무도 그렇게 생각하지 않는 도시

> 위험과 불안이 상존하는 사회에서 개인은 누구나 알아서 자신
> 의 안전을 도모하는 수밖에 없게 된다. '알아서 살아남기', 그러
> 므로 이것은 지금 여기 서울의 공간에서 적용되는 중요한 생존
> 원칙이다.
> ─ 『서울은 어떻게 작동하는가』, 류동민 지음, 코난북스, 2014

　도시가 포악할수록 불평등은 오히려 감춰진다. 개인들은 포악
함으로부터 자신을 지키는 것을 우선시하기 때문이다. 이 '도시의
공포'는 어떤 조건이 충족된다고 해서 사라지는 성질의 것이 아니
다. '추격과 탈주'의 순환 속에 더 '커진' 공포를 마주할 뿐이다. 초
등학생 정규과정에 영어 과목을 넣는 건 '좀 심한 것 아니냐'고 했
던 시절이 불과 20여 년 전이었다. 하지만 지금은 다섯 살 아이도
어린이집에서 씩씩하게(?) 영어를 배운다. 그 에너지를 바탕으로
서울은 더 '스펙터클'해졌다. 그런데 그 안을 일상적으로 살아가
는 사람들은 자신의 모습이 얼마나 괴기스러운지 알지 못한다. 하
지만 서울의 공기를 처음 마신 사람에게 이 공간의 위압감은 상당
하다. 그래서 서울역 화장실의 노숙자가 더 낯설게 보이는 것이다.
한 쪽과 다른 쪽의 격차는 어떤 도시에서든 존재하겠지만, 그 '차
이'는 단연코 서울이 으뜸이다.
　태초부터 불평등은 있었을 것이다. 그러나 이 정도까지는 아니
었다. 태초부터 '축적시켜놓은 것들'의 덕을 보는 사람은 있었을

것이다. 하지만 '그렇지 못한 자'가 성공할 가능성이 이처럼 낮지는 않았다. 그럼에도 모두가 '자신은 예외가 될 것'이라는 욕망만을 가진 채 살아간다. 미래의 서울이 지금보다 희망적이길 바란다면, 현재의 암울함을 있는 그대로, 아울러 '제대로' 보아야 한다. "지금 걷는 이 공간을 먼 훗날 기억하는 것은 우리가 아니라 우리 뒤에 오는 이들"임을 명심한다면 말이다.

오찬호 사회학자

할렐루야 아줌마와 과일 노점상 아저씨

『대한민국 건강 불평등 보고서』
김기태 지음, 나눔의집, 2012

서울 중림동 중림로 27번지에는 과일 노점상을 하는 아저씨가 있다. 회사 건물 바로 앞이다. 회사가 이사온 지 3년여 됐으니 3년 정도 봐온 셈이다. 아저씨는 겨울엔 귤, 초여름엔 딸기, 가을엔 사과, 때를 가리지 않고 땅콩 따위를 바구니에 놓고 판다. 지나다 힐끔 보면, 결코 싼 가격은 아니다. 가격에 관한 한 노점에 거는 심리적 기대가 있는데 대부분 충족시키지 못한다. 게다가 근거리에 SSM(Super SuperMarket) 계열 마트가 자리 잡고 있다. 3년간 지나면서 누군가가 그곳의 과일을 사는 광경을 보지 못했다. 물론 내가 본 대로 허탕만 치는 날들은 아니었을 것이다. 그렇다면 그렇게 자리를 지키고 있을 이유는 없을 테니까.

겨울이 되면 그는 더 자주 눈에 띈다. 보통 자주 이용하는 은행의 '365일 코너'에서 마주친다. 바깥이 너무 추울 때다. 노점은커녕, 외출만으로도 버거운 날씨다. ATM기기가 있는 실내 안에 플라스틱 의자를 하나 놓고 유리창 너머를 응시한다. 잿빛 코트를 입고 바쁘게 지나는 사람들 사이, 덩그러니 놓인 주황색 귤 더미가 비현실적이다. 그는 옆 편의점에서 산 사발면으로 점심을 때우곤 하는데, 그 짧은 사이 손님이 올 것 같지 않은데도 번개 같은 속도로 물을 떠와 다시 창밖을 응시하며 젓가락질을 한다. 그러다 실내에 사람이 많아지면 슬며시 나가곤 한다.

가난하고 병에 걸린 사람들

그를 볼 때마다 떠오르는 사람이 있다. 4년 전쯤이다. 입사한 지 넉 달쯤 지났을까. 추운 겨울이었다. 취재하기로 했던 아이템이 엎어졌다. 휴대전화 너머 사회팀장의 목소리가 무심하게 흘러나왔다. 유례없는 한파라고 하니 쪽방촌에 가보라고. 서울 촌년이라 쪽방이 뭔지도 몰랐다. 무작정 들른 종로의 쪽방촌에선 '쭈뼛쭈뼛'과 대화 거절의 반복이었다. 영등포로 방향을 틀었다. 한 교회의 소개를 통해 어떤 건물에 도착했다. 5층짜리 건물에 방 100여 개가 붙어 있었다. 벌집 같다는 말이 이곳에서 나온 게 아닐까 싶을 정도로 작은 방이 다닥다닥 붙어 있었다. 아흔 살 할머니 방에서 하룻밤 묵기로 했다. 몸 하나 겨우 누일 좁은 공간에 생전 처음 보는 기자를 들이는 데 별다른 질문이 없었다. 경계하는 기색도, 반기는 기색도 아니었다. 무언가 여쭈면 곧잘 대답해주었지만 명절 때마다 본다는 자식에 대한 질문에는 말을 아꼈다.

할머니의 방 대각선에 인상적인 방이 있었다. 지나다니며 보니 알록달록 색색깔의 장식들로 휘황찬란한, 한눈에도 어지러운 방이었다. 어디선가 주워왔을지 모르는 싸구려 장신구와 인형들이 좁은 방을 채우고 있었다. 그곳에 '할렐루야 아줌마'로 불리는 노점상 아주머니가 살고 있었다. 틈날 때마다 '할렐루야'를 외쳐서 쪽방촌 이웃들은 그를 '약간 정신이 이상한' 사람으로 여기고 있었다. 아주머니는 심한 당뇨를 앓고 있었다. 언제 시작되었는지도 모른다. 지속적으로 치료를 해야 하지만 그럴 여유가 없었다. 온몸이 아프다고 했다. 단지 당뇨 때문만은 아닌 것 같았다. 아픈 몸을 이끌고 그가 하루종일 과일을 팔아 버는 돈은 1만 원 남짓. 겨울에는 섣불리 나섰다가 미끄러져 다치기라도 하면 병원비가 더 나가기 때문에 몸을 사린다. 이야기를 나누는 동안 그는 계속 몸을 주물렀다. 팔다 남은 과일을 계속해서 얹어주었다.

회사 앞 과일 파는 아저씨를 보며 할렐루야 아줌마를 떠올린 건 몸 때문이다. 아저씨의 온몸은 부어 있었다. 붓기로 거대해진 아줌마의 몸과 거의 흡사했다. 얼굴도, 몸도, 보지 못했지만 발도 그러리라 짐작될 정도로 부은 몸이다. 단순히 살이 찐 것과는 다르다. 많지는 않지만 지금껏 봐온 당뇨 환자들과 겹쳐지는 면이 있었다. 아저씨가 돌아갈 숙소는 어디일까? 가끔 상상해본다.

당시 영등포 쪽방촌에 사는 누군가가 말했다. 이 방들의 주인은 우리 사회 가장 밑바닥 인생이라고. 그렇게 말한 이는 왕년에 주먹을 써서 이름 꽤나 날렸다는, 기골이 장대한 사내였다. 할렐루야 아줌마 말고도 100여 개 칸에 세든 이들은 아픔을 안고 살았다. 누군가는 과거에 청력을 잃었는데 한쪽 청력마저 잃을 위기에 처해 있었고, 하룻밤 잠을 허락한 할머니는 잇몸이 아파 음식물을 거의 씹을 수가 없었다. 할머니가 밝히기 꺼리는 아들도 당뇨를 심하게 앓아 벌이를 할 수 없다고 했다. 병명을 알 수 없지만 수년간 한 데에서 자던 버릇 때문에 몸이 상해 거동조차 불편한 이도 있었다. 가난과 질병은 뗄 수 없는 관계라는 걸 실감하게 된 계기였다. 이들은 모두 보통 이상의 잔병을 가지고 있었지만 평균 이하의 횟수로 병원에 드나들었다. 병원은 곧 돈이다. 한 끼 식사가 아쉬운 이들에게 치료는 먼 얘기였다.

삶도 죽음도 불평등에 기반한다

『대한민국 건강 불평등 보고서』에도 쪽방촌에 사는 한 남자가 등장한다. 당뇨를 앓는 동갑내기 남자 두 명의 건강사를 비교했다. 한 사람은 종로 쪽방촌에 사는 이상오 씨. 뱃일과 막일을 전전한 그와 달리 정기검진과 자기 관리로 건강을 지키는 중소기업 대표이사 고영각 씨는 한 번의 사업 실패 외엔 대체로 풍족한 삶을 살았다. 당뇨라는 증상은 같지만 이씨의 삶은 유별나게 고달프고 무엇보다 아프다. 산재로 허리 부상과 손가락 절단을 당했고, 현재는 당뇨 외에 협심증, 고지혈증을 앓고 있다. "션찮게 살았어요. 말할 만한 건더기도 없는 인생인데." 그 말에 그의 인생이 함축되어 있다. 가난에서 결코 벗어난 적이 없는 그의 '션찮은' 삶은 앞으로도 크게 바뀌지 않을 것이다.

'가난하면 더 쉽게 아프고 쉽게 죽겠지.' 이 책은 막연히 그러하리라 짐작했던 사실을 아프게 파고든다. 기자인 저자는 가난한 이들의 건강과 죽음을 살피기 위해 응급실, 빈민촌, 쪽방촌을 찾았다. 한 호스피스에서는 한 달 동안 자원봉사자로 일했다. 추론에 그칠 만한 이야기를 하나하나 파고들어 가끔은 사람 이야기로, 때로는 수치를 통해 현실을 보여준다. 한 사람이 죽는다는 건 한 우주가 꺼지는 일이다. 잠시라곤 해도 그걸 지켜보는 일의 무게가 쉬이 짐작되지 않는다. 가난한 사람은 죽음조차 쓸쓸할 거라는 손쉬운 추측에 빠져 있는 한 가지는 '그 사람의 삶'이다. 저자는 죽음을 앞둔 이의 마지막을 기록함으로써 누구도 주목하지 않았던 삶을 복원한다.

특히 성가복지병원에서 만난 15명은 표본 집단으로는 적은 수지만 가난과 건강의 관계를 함축적으로 보여주는 이들이다. 이들 중 12명이 기초생활수급권자였다. 15명 중 8명이 과거 중상류층의 생활을 하다가 빈곤층으로 떨어졌고, 나머지 7명은 평생 가난 속에서 살았다. 연구에 따르면 소득 상위 1퍼센트가 암으로 100명 사망할 때 기초생활수급권자는 196명이 사망한다고 한다. 약 두 배다. 가난할수록 암으로 사망할 가능성이 높다는 걸 너무도 선명하게 보여준다. 15명의 학력 역시 고졸이 대부분이고 대졸 이상은 한 명이었다. 학력은 직업과 직결된다.

이들과는 관계없지만 또 한 가지 유의미한 통계는 지역과 건강의 상관관계다. 분석에 따르면 농촌 지역일수록 병원 인프라가 잘 되어 있지 않아 사망률이 높았다. 강남·분당과 괴산·신안의 의료

인력은 두 배에서 네 배 가까이 차이가 나고 진료 횟수 역시 마찬가지였다. 책은 죽음의 질을 결정하는 것이 너무 많다는 사실을 일깨운다. 개인은 그 앞에 무력하다. 죽고 사는 것은 운명이라 믿는 편이지만 "생사가 신의 섭리를 벗어난 지 오래"라는 저자의 말은 아프게 와 닿는다.

아주대병원 중증외상특성화센터는 아덴만 여명작전으로 소말리아 해적을 소탕하던 당시 총상을 당한 석해균 삼호주얼리호 선장을 치료한 곳으로 익숙하다. 좌장 격인 이국종 교수 역시 당시 언론에 많이 오르내렸다. '중증'이라는 이름이 주는 무게만큼 외상의 정도가 심한 이들이 몰리는 곳이다. 이곳에서 저자가 만난 사람들은 무직, 마트 판매원, 일용직 노동자, 생산직 노동자, 음식점 배달부 등 대개 육체노동자들로 사무직의 비율에 비해 압도적으로 많았다. 주로 하루 벌이가 생계와 직결되는 이들이었다. 육체노동직이 외상을 입을 확률이 사무직보다 25퍼센트 높다고 하는데, 위험에 노출된 작업 환경 때문이다. 산재뿐만 아니라 교통사고와 자살로 생기는 외상 역시 사회경제적으로 낮은 계층에게 많이 생긴다. 사례를 접하다 보면 건강만큼 양극화의 극단을 보여주는 분야가 없을 것 같다는 생각이 든다.

어쩌다 찾게 되는 밤중의 응급실은 늘 낯설다. 전문의 대신 자리를 지키는 당직의는 정확한 병명을 몰라 얇은 책자를 뒤적이며 원인을 찾아 헤매고, 놀라서 울부짖거나 뛰는 가족들까지 아비규환이다. 그 와중에 누군가는 죽어간다. 의외의 사실은 사고 직후 적절한 응급처치를 받지 못해 죽는 경우가 생각보다 너무 많다는 점이었다. 책에 따르면 응급실에서 사망한 이들 중에서도 32.6퍼센트의 환자를 살릴 수 있었다고 한다. 엉성한 응급의료 시스템이 환자들의 죽음을 방치한 것이다. 아주대병원 중증 외상환자의 절반 이상도 직접 내원하지 못하고 여러 곳의 병원을 전전하다 뒤늦게 내원한다고 한다. 구조적으로도 절대 다수의 병원들이 중증 외상환자 유치에 소극적이다. 수지타산이 맞지 않기 때문이다. 환자가 언제 실려올지 알 수 없어 계획적인 경영이 어렵다. 가장 고된 업무를 하는 외상외과 의사들 역시 수익과는 멀다. 석 선장의 사고 당시 이명박 대통령은 응급 시스템 확충에 대해 이야기했지만 달라진 게 없다. 이익을 추구하는 민간 병원의 특성상 응급 시스템에 투자가 적은 것은 불가피한 일이다. 정책이나 국가 차원의 지원을 통해 해결할 수밖에 없다.

한국인의 세 번째 사망 원인은 '자살'이다. 자살률은 한국사회가 건강하지 못하다는 단적인 징후다. 죽음의 불평등을 이야기하는 또 다른 지표 역시 자살률이다. 본문에 실린 연구에 따르면 대졸 이상의 학력을 가진 인구는 한 해 10만 명당 7.9명이 목숨을 끊은 데 반해, 초등학교까지만 학교를 다닌 사람 중 121.4명이 자살을 했다. 엄청난 차이다. 직업 역시 주요한 요인이다. 고위공직자나 관리자들의 사망률이 2.3명이라면, 농업인의 사망률은 56.5명이다. 자살에 관한 한 이렇듯 유의미한 통계가 나와 있지만 저자의 말대로 정부는 자살 예방 대책을 말할 때 소득 및 학력별 자살률의 격차에 대한 분석에는 소극적이다. 자살률 1위 국가의 오명에 대해서는 누구나 심각하다고 말하지만, 정작 정책 입안자들은 눈에 보이는 수치에 둔감하다. 모르진 않을 것이다. 학력과 직업에 따른 불평등을 개선하는 건 단기적인 계획으로 불가능하기 때문에 학교폭력과 같은, 손에 잡힐 듯한 원인을 좇게 되는 것이다.

결국은, 불평등이다. 삶도 죽음도 그 질은 불평등에 기반한다. 불평등과 정신질환은 거의 정확하게 비례했다. 불평등 수준이 다섯 번째로 높은 오스트레일리아 국민이 마약을 가장 애용했고, 상대적으로 마약과 거리가 먼 곳은 불평등 지수가 약한 일본, 스웨덴, 핀란드였다. 불평등한 사회의 시민은 허리 둘레도 굵게 나타났다. 불평등이 심하면 사람을 죽이는 일마저 잦았다. 불평등과 유아 사망률 사이에서도 상관관계가 포착됐다. 평등할수록 10대 임신, 교도소 수감 인구 비율, 계층 이동의 유동성 등에서도 더 '착한' 통계치가 나왔다. 중요한 건 평등 수준을 높여서 돌아가는 혜택이 빈곤층뿐 아니라 모든 계층에 고루 미친다는 점이다.

가난은 삶의 전투력을 상실하게 만든다. 아파도 병원에 가지 못하는 현실을 당연하게 받아들이고 체념한다. 이런 와중에 의료민영화의 바람 역시 위태롭게 불고 있다. 꽃샘추위가 찾아온 오늘도 중림동 노점상 아저씨의 귤은 몇 시간째 고고하게 색을 밝히고 있다.

임지영 〈시사IN〉 문화부 기자

노숙인의 병든 몸을 외면해버리는 사회

『질병과 가난한 삶』
최영아 지음, 청년의사, 2015

노숙인이라는 말을 들었을 때 당신은 어떤 느낌이나 생각이 떠오르는가. 서울역에서 또는 대도시의 각 역사 주변이나 특정 장소에서 배회하는, 냄새나는 사람들. 지하철역 복도 어둑어둑한 곳에 누워 있는 사람을 발견하고 깜짝 놀랐던 기억. 가끔 다가와 차비를 달라고 하거나 담배를 달라고 하는 사람들. 이런 인상들과 기억들이 대체로 우리가 가지고 있는 느낌 혹은 생각들일 것이다.

『질병과 가난한 삶』의 저자는 다일천사병원, 요셉의원, 다시서기의원에 의무원장 또는 원장으로 근무한 의사다. 많은 사람들에게 불쾌하거나 낯선 경험과 인상으로만 남아 있는 노숙인들을 가장 가까운 곳에서 지켜본 사람이 들려주는 이야기라는 것만으로도 이 책은 의미가 있다. 물론 저자는 '의사'로서 노숙인을 만났다. 따라서 이 책은 노숙인들의 질병상태를 주로 서술하고 이를 바탕으로 노숙인 문제해결의 방안을 제시한다. 이와는 다른 접근방식에 더 관심이 있다면 노숙인 문제에 대한 참여연구, 예를 들어 김준호의 「거리노숙인이 생산하는 '차이의 공간'에 대한 연구—서울역 거리노숙인을 중심으로」 등의 글(이 글은 〈한겨레21〉에서 다룬 바 있다)을 보는 것도 도움이 될 것이다.

우리는 인간의 고통을 얼마나 이해하고 있는가

애초 이 책은 「질병상태를 통해 본 한국 노숙인의 삶에 대한 고찰」이라는 저자의 2014년 대학원 인문사회의학 석사논문을 바탕으로 한 책이다. 논문을 바탕으로 한 책이 논문을 상당 부분 바꾸지 않을 경우 장점과 단점을 동시에 드러내는 경우가 있다.

우선 지나치게 학술적이거나 연구 중심이어서 보통사람들을 위한 책이라는 취지와는 잘 어울리지 않을 수 있다는 점이 흔한 단점이 될 것이다. 이 책도 2장에서 다루고 있는 노숙인 질병의 통계와 그래프의 나열, 보통사람의 눈에는 끔찍해 보일 수 있는 임상증례의 사진(당뇨합병증으로 인한 사지의 상처 사진이나 절단 부위 사진 등)은 꼭 필요했는지 의문이다. 연구논문에서는 의미를 가질지 모르겠지만 그래프나 통계 수치의 나열은 지루하게 느껴진다. 또 끔찍한 사진이나 임상적 사례의 사진들은 의료연구에 종사하지 않는 사람들에게는 오히려 혐오의 인상을 불러일으킬 수도 있다는 점에서 적절한 선택이었는지 의문이다.

반면 학위논문을 바탕으로 한 것이 장점이 되는 경우도 있다. 학위논문은 기존의 관련 연구를 리뷰하는 과정을 거치기 마련이어서 국내의 다른 연구나 해외의 연구들이 소개된다. 이 책의 장점도 기존 연구들에 대한 리뷰가 행해지고 있다는 점이다. 유럽이나 서구의 노숙인 대처방안에 대한 소개 글들은 격리정책을 주로 하는 한국의 노숙인 정책과 전혀 다르다는 점에서 일독할 가치가 있다.

　또한 현재까지 나온 노숙인 실태와 정책들에 대한 가장 체계적인 글로 보이는, 한국도시연구소가 보건복지부에 2012년에 제출한 「노숙인 복지 및 자립지원 종합계획 수립에 관한 연구」를 상당수 인용하여 전체적인 노숙인 지원정책의 틀을 갖추고 있다. 그러나 이 보고서의 의료지원 정책이나 주거정책이 충분히 검토된 듯 보이지 않는다. 그리고 이 보고서의 바탕이 된 여러 글들, 예를 들어 한국도시연구소의 「주거취약계층 전국 실태조사 2012」 등에서의 문제의식과 정책제안을 저자의 노숙인 문제해결을 위한 정책제안에 충분히 포함시켰는지도 의문이다. 그러다 보니 저자의 정책제안은 커다란 틀, 즉 사회적 인식의 변화, 주거정책, 의료지원 정책 등의 큰 꼭지는 다루었지만 구체성은 부족하다. 이 때문에 노숙인 의료급여 문제 등이 구체적으로 다루어지지 않은 점은 아쉽다.

　그 외, 논문에서도 나타났던 문제들이 이 책에서도 반복되고 있는데 바로 몇몇 용어의 문제다. 예를 들어 저자는 노숙인에 대한 차별을 인종주의적 차별이라고 이야기하는데 이는 유럽의 홈리스 정책에서 흔히 나타나는 '로마(Roma, Romani, 집시) 탄압 문제' 등에 접근할 때 쓰이는 용어로서는 적절할지 모른다. 그러나 한국에서의 노숙인 문제에 인종주의 개념을 적용하는 것은 아무래도 개념의 지나친 확장으로 보인다.

오히려 이 책의 가장 큰 장점은 한국에서의 노숙인 문제를 역사적으로 확장한 것에 있다. 한국전쟁 이후 사람들은 거의 모두가 집을 잃었고 따라서 그 당시 한국인들은 거의 모두가 노숙인이었다. 이후 이른바 '부랑자'들은 많은 사람들에게 넝마주이, 상이군인, 문둥병(나병, 한센씨병), 거지 등과 같은 이미지로 남아 있고, 이들 중 나병환자는 소록도에, 또 다른 부랑자와 거지들은 형제복지원 등에 격리되어 있었다. 저자는 3장에서 외국의 부랑인의 역사를 간단히 다루고 한국의 소록도와 형제복지원, 그리고 마리아수녀회 문제를 다룬다. 특정 종교단체의 활동에서 출발한 것일 수도 있지만, 이러한 접근을 통해 저자는 한국사회에서 가난한 사람들과 부랑자에 대한 사회적 격리가 얼마나 끔찍한 결과를 낳았는지를 성공적으로 보여준다.

그리고 나에게 가장 절절하게 다가온 글은 마지막 6장의 저자 개인이 자신의 경험을 바탕으로 동료 의료인들과 여러 관련 종사자들에게 호소하는 부분이었다. 의료취약계층을 반드시 진료해야 한다, 의사는 환자 곁에 있어야 한다, 인간의 고통에 대해 총체적으로 이해하는 훈련이 필요하다 등의 동료 의료인에 대한 권고의 글은 저자가 우리 사회의 가장 가난한 사람들 옆에 오랫동안 있었다는 사실에서 우러나온 글이기에 그만큼 호소력이 있다.

저자는 "자본주의 체계 속에서 사는 의료취약계층은 대체로 의료보험을 가지고 있지 않"으며 따라서 "가장 치료가 필요한 이들이 가장 치료받기 어려운 세상"이라고 말한다. 건강 불평등이 가장 극명하게 드러나는 현장이 바로 노숙인 진료의 현장이다. 저자가 말하듯이 "지난 수세기 동안 의학이라는 학문은 (중략) 자연의학적인 질병에 초점을 맞춘 생의학적 모델에 기반을 두"어왔다. 그러나 가장 가난한 환자들을 보는 진료현장인 '자선무료병원'에 있었던, 즉 "생물학적 문제 뿐만 아니라 정신적·사회적·법적 문제들, 즉 의료 취약계층인 다양한 사람들이 현장에서 겪는 복합적인 문제들을 늘 접할 수 있는 자리"에 있었던 저자는 "우리에게 인간 고통에 대한 종합적 이해가 얼마나 많이 요구되는지 이해"하길 요구한다.

보다 근본적이고 진정한 해결책이란 무엇인가

한국 사람들은 태어나서 대체로 80세까지의 삶을 기대할 수 있다. 그러나 노숙인들은 어떠한가. 평균적으로 보아도 40대~50대가 그들의 기대수명이다. 또 사망률이 두 배나 높다지만, 실제 20~30대 노숙인들의 사망률은 5~7배가 높다. 이 노숙인들의 삶을 들여다보면 이들은 특별한 사람들이 아니다.

　나는 인도주의실천의사협의회에 속해서 처음 노숙인 진료를 나갔던 1997년에 노숙인에게 했던 질문과 답을 아직 기억한다. "언제 노숙을 시작하셨어요?"라는 말에 많은 노숙인들이 언제를 말하는 거냐고 되묻고 "이번이요? 아니면 처음 시작한 때요?"라고 반문했다. 우리는 흔히 1997년과 98년의 외환위기의 시기에 노숙인들이 폭발적으로 늘어난 것으로 알고 있지만, 사실 노숙인들은 경제호황과 불황에 따라 호황기에는 건설업이나 음식배달업 등에서 잠시 취업해 있다가 경제불황 시기에는 거리로 나오는 생활을 반복한다. 그리고 그러한 생활이 반복되면 몸과 마음이 망가져서 다시는 노동시장에 복귀하지 못한다.

즉 '노숙인'은 자본주의 경제가 필연적으로 주기적으로 겪게 되는 호황과 위기에 따른 실업자-노동예비군의 맨 가장자리에 놓인 사람들일 뿐이다. 이들에게 개인적 책임을 묻는 것은 중고등학교에서 반에 성적으로 꼴찌가 왜 있느냐고 묻는 것과 같다. 성적으로 등수를 매기면 반드시 꼴찌가 있기 마련인 것처럼 자본주의 사회에서는 실업자가 있을 수밖에 없다. 경제호황의 이면에는 이들의 희생과 사회적 몰락이 있는 것이다. 이들을 떠안지 못하는 사회는 아무리 분칠을 해도 야만적 사회일 뿐 문명사회가 아니다.

같은 사회에서 태어나서 어떤 사람이 가난한 집에서 태어나고 사회의 일반적인 취업구조에서 탈락했을 때, 그가 갈 곳이 거리밖에 없다면 그 사회가 정상적인 사회일까? 그리고 그들이 그 죄로 질병에 걸려 남들보다 30년 먼저 죽는다면, 이 사회가 제대로 된 사회일까? 실업자에게 구조적 실업의 책임을 묻고, 집 없는 사람에게 왜 집이 없느냐고 책임을 묻는다면 그것이 온당한가? 이 책은 바로 이 질문을 우리에게 묻는다. 그리고 가난한 사람들과 그들의 질병과 함께 해온 의사의 성실한 삶의 무게로 우리에게 묻는다. 우리 사회는 가난한 사람들의 병 걸린 몸을 그냥 외면해버리는 사회가 아닌가, 그리고 그러한 평등하지 못한 사회가 과연 인간적인 사회인가, 라고.

브레히트^{Bertolt Brecht}는 1931년 대공황 직후 「임시 야간 숙소」라

는 시에서 이렇게 썼다.

"듣건대, 뉴욕/ 26번가와 브로드웨이의 교차로 한 귀퉁이에/ 겨울철이면 저녁마다 한 남자가 서서/ 모여드는 무숙자無宿者들을 위하여/ 행인들로부터 동냥을 받아 임시 야간 숙소를 마련해 준다고 한다// (중략) // 몇 명의 사람들이 임시 야간 숙소를 얻고/ 바람은 하룻밤 동안 그들을 비켜가고/ 그들에게 내리려던 눈은 길 위로 떨어질 것이다./ 그러나 그러한 방법으로는 이 세계가 달라지지 않는다./ 그러한 방법으로는 인간과 인간의 관계가 나아지지 않는다./ 그러한 방법으로는 착취의 시대가 짧아지지 않는다."(『살아남은 자의 슬픔』, 김광규 옮김, 한마당, 1999)

브레히트는 이 시의 중간 부분에서 마지막 연 6행의 전후 세 행을 앞뒤 순서를 바꾸어 그대로 반복한다. 즉 그는 노숙자가 하룻밤 동안 비와 바람을 피하는 일의 절박함을 너무도 잘 알고 있었다. 브레히트 자신도 '자선병원'의 병상에서 세상을 떠났다. 그럼에도, 바로 그렇기 때문에 그는 묻는다. 노숙인들이 계속 만들어지는 건강 불평등의 '생산'이 정말 문제가 아닌가? 자본주의 이후의 전망. 1930년 대공황 이후 최대의 전 지구적 경제위기 시기에 놓인 우리에게 던져지는 질문이다.

우석균 의사, 보건의료단체연합 정책위원장

2장

미생, 을의 목소리

7년, 어떤 희망의 기록

『이창근의 해고일기』
이창근 지음, 오월의봄, 2015

1.

2014년 11월 13일. 대법원은 쌍용차 노동자들의 정리해고에 대해
회사 측의 손을 들어주었다. 공장에서 쫓겨난 지 2000일가량 지났
을 때였다. 며칠 후 마지막 희망의 끈을 잡으려는 듯 해고노동자
이창근과 김정욱은 공장 굴뚝 위로 올랐다.

　파업 당시의 굴뚝 농성, 171일간의 평택 송전탑 고공농성에 이
은 세 번째 고공농성이다. 쌍용차뿐 아니라 한진중공업의 김진숙,
KTX 여승무원, 전주지역 버스기사, 기륭전자, 유성기업, CNN 노
동자들이 철탑과 광고탑, 송전탑, 공장 굴뚝에 올랐다. 지상에 발
디딜 곳 없는 노동자들은 하늘로 오르는 길을 선택했다.

우리 역사에 처음 등장하는 고공농성자 강주룡은 여성이고, 해고노동자였다. 1931년 5월 평양 고무공장 노동자들은 파업 투쟁을 벌이며 굶어 죽기를 각오한 '아사 동맹'을 맺었다. 강주룡은 12미터 높이의 을밀대 지붕 위에 올랐다. 또 죽기를 각오했다. 그녀는 지붕에 사다리를 걸면 즉시 몸을 던지겠노라 외쳤다. 일본 경찰에 체포된 후 강주룡은 감옥에서 단식투쟁을 벌였다. 이번에도 목숨을 걸었다.

당시 언론은 이 소식을 알리며 일본인 최초로 공장 굴뚝에서 고공농성을 벌인 다나베 기요시와 비교했다. 강주룡이 '체공녀'로 알려졌듯 다나베 기요시는 그 이름보다 '굴뚝남'으로 알려져 있다. 굴뚝남의 고공농성은 미국 언론에서도 관심을 갖고 기사를 내보냈다. 해고노동자 굴뚝남의 농성이 화제가 된 후 일본 사회 곳곳에서 노동자들이 굴뚝에 올랐다. 강주룡은 출소 후 평양의 한 빈민굴에서 삶을 마감했고, 다나베 기요시는 굴뚝에서 내려온 후 2년이 지난 어느 날, 요코하마의 수로에서 시체로 발견되었다. 강주룡이 시작한 목숨을 건 단식과 고공농성은 85년 후인 현재 쌍용차 노동자들의 저항의 방식이기도 하다.

2.

5년 전, 어느 르포작가가 발표를 앞두고 보내준 한 노동자의 글은 지금도 생생하게 떠오른다. 글에 등장하는 인터뷰이는 동생이 처한 현실을 증언하고 있었다.

2009년 쌍용차 노동자들이 벌인 77일의 파업 기간 중 동생은 68

일간 참여한 후 도장공장 밖으로 나왔고, 회사의 강요로 희망퇴직자가 되었다. 형은 마지막까지 버텼다. 동생은 형보다 9일 앞서 나온 것이다. 전쟁터를 방불케 하는 살풍경한 공장에 동료들을 남겨두고 홀로 나오는 심정은 어떤 것일까? 그 외로움, 두려움, 불안과 공포, 자괴감을 헤아리기 어려웠다.

그로부터 1년 후 동생은 경찰서에 끌려갔고, 정신병원에 입원했다. 형이 본 동생의 집 거실과 방엔 박스가 쌓여 있었다. 박스 안엔 라면, 생수, 담배, 노트북 등이 들어 있었다. 파업 기간 중 단전 단수로 고립된 노동자들에게 필요한 물품들이었다. 베란다 옆엔 망원경이 설치되어 있었다. 망원경은 경찰의 동태를 주시하기 위한 것이다. 그는 1년 동안 오지 않는 경찰특공대와 싸우고 있었던 것이다. 백일, 이백일, 삼백일이 넘게.

그 르포를 읽을 무렵, 사람들은 쌍용차 공장에서 벌어진 일을 서서히 잊어가던 중이었다.

그의 망원경을 통해 세상을 바라본다. 물론 아파트 창문 밖에 경찰특공대가 있을 리 없다. 하지만 경찰특공대보다 무서운 자본주의 세계의 일상이, 그리고 노동자의 일상이 이상한 침묵처럼, 헬기 소리보다 무섭게 펼쳐져 있다. 인간의 삶을 위협하는 구조조정과 정리해고, 비정규직이 만연한 신자유주의의 풍경 그대로……

우리는 그가 망원경을 통해 본 세상에 살고 있는 것은 아닐까? 창문 이쪽 편에서 물과 비상식량, 장비를 쌓아두고, 의자놀이에서 살아남기 위해 더 높게 전투 물자를 가득 쌓아두고, 언제 찾아올지 모를 위협을 경계하며 망원경을 밤낮으로 들여다보는 이는 바로 우리가 아닐까? 그런데 세상은 왜 이렇게 조용한 걸까? 이성복 시인은 「그날」이라는 시에서 이렇게 노래한다.

"아무도 그날의 신음소리를 듣지 못했다/ 모두 병들었는데 아무도 아프지 않았다".

3.

왜 그는 매일 시지프스처럼 옥쇄 파업을 벌였던 걸까? 사회적 시계가 오차 없이 기계적으로 흘러간다면, 내면의 시계는 저마다 다르게 흘러간다. 『이창근의 해고일기』를 읽는다는 것은 타인의 시계를 읽는 일이다. 그 시계는 어쩌면 멈춰 있다.

이창근의 시계는 지난 7년의 싸움을 가리키고 있다. 그리고 연어처럼 2009년 파업의 순간으로 회귀한다. 2009년으로 돌아가는 행위는 그의 성찰적 안간힘이기도 하지만, 본질적으로는 우리 사회가 그에게 가하는 폭력이기도 하다.

이창근은 지난 7년의 일들을 재구성하고, 쌍용차 사태를 통해 이 땅 노동의 현실을 증언하고 인간의 길을 묻는다. 그는 이 책의 추천사를 쓴 김진숙과 함께 글을 가장 잘 쓰는 노동자다. 쌍용차에 입사한 해가 2003년이니 그는 공장에서 햇수로 7년을 일했고, 해고자로서 7년째 싸워왔다. 한 인간의 시간에서 7년이란 어떤 시간일까? 장기농성은 그 햇수만큼 일상이 거세된다는 것을 뜻한다.

한때 그의 일터였고, 파업 기간 점거했던 공장엔 '살아남은' 노동자들이 기계를 돌리고 자동차 부품을 조립하고 있지만, 살아남지 못한 이들에게 그 공간은 여전히 끌려 나오던 날의 기억 속에

멈춰 있다.

7년. 한 달만 파업농성을 벌여도 온 사회가 관심을 갖던 시절이 있었다. 1989년 유가협의 어머니, 아버지들이 136일 만에 기독교 회관 농성을 마쳤을 때, 언론은 국내 최장기 농성이라고 보도했다. 언제부턴가 장기농성 소식은 익숙한 뉴스가 돼버리고 말았다.

4.

2009년 4월 8일. 쌍용차 측에서 발표한 정리해고 대상자는 노동자 둘 중 한 명이었다. "함께 살자!"는 구호가 등장했다. 함께 살기 위해 노동자들은 공장점거 파업을 벌였다. 이창근은 해고통지서를 받을 때의 분위기를 이렇게 전했다.

"그 종이 한 장의 힘은 대단했다. 조합원을 산 자와 죽은 자로 정확히 갈랐다. 웃는 자와 우는 자, 안도의 한숨과 깊은 한숨이 교차했다. 말로만 듣던 정리해고 통지서는 삶의 공간까지 파고들었다. 같은 동 아파트에서도 산 자와 죽은 자가 구분되었다. 왕래는 뜸해졌고, 끼리끼리 다시 헤쳐모여를 시작했다."

회사는 '산 자'를 이용해 노동자와 노동자를 대립시키고 갈랐다. '산 자'의 양심마저 짓밟은 것이다. 어제까지의 동료들이 적이 되어 나타났다. 노동자들은 공중에서 삐라를 뿌리는 헬기 소리, 경찰과 용역들의 폭력보다, '산 자'의 모습을 보는 것이 더 고통스러웠다. 관계의 단절과 변화, 공동체의 파괴는 파업 후 지금까지 그들을 괴롭히고 있다.

파업 후 쌍용차 출신 노동자들에겐 주홍글씨가 새겨졌다. 취직이 어려워져 일용직으로 일하거나 하청업체에서 비정규직으로 일했다. 최저임금에 미치지 못하는 수입으로 생계를 버텼다. 평택 시내에서 쌍용차 작업복을 입은 노동자를 보기 어려워졌다. 한때 시내 곳곳에서 눈에 띄던 쌍용차 작업복은 불행 또는 비겁의 상징이 되었다.

5

파업 당시 노동자들은 "해고는 살인이다"라는 구호를 외쳤다. 이 땅에 처음 등장한 이 슬로건은 현실로 다가왔다. 이창근의 시계는 26명의 죽음-26개의 우주 앞에서 멈추고 또 멈춘다. 쌍용차 해고자 고동민은 사망자가 26명이 아니라고 말한다. 파업 이후 충격과 심리적 고통으로 유산된 아이들은 그 숫자에 포함되지 않았다. 죽음을 헤아리지 않고 삶의 의미를 물을 순 없다.

2009년 파업을 마치며 노사는 무급자에 한해 1년 뒤 복직을 합의했다. 그것은 언론과 전 국민이 지켜본 사회적 합의였다. 하지만 1년 후 무급자 462명은 공장으로 돌아가지 못했다. 임무창 씨도 1년 뒤 복직이 예정된 무급자였다. 1년이 채 되기 넉 달 전 그의 아내는 10층 아파트 베란다에서 투신자살했다. 그는 1년이 되었을 때 회사에 복직하지 못했고, 2011년 2월 26일 두 아이를 세상에 남겨두고 죽음을 선택했다. 이 죽음의 실체는 무엇인가? 이창근은 그의 죽음 앞에서, '희망'을 '고문'이라고 썼다.

"희망이 있을 것이란 환상을 심어주며 끊임없이 고통 속에 살게 하는 희망고문. 결국 희망이 없다는 것을 죽음으로써 혹은 이별을 통해서 확인하는 '희망고문'"

왜 국가와 자본은 불복종하는 노동자들에게 이토록 가혹할까? 그가 대답한다.

"한국 사회처럼 투쟁하는 이들에 대한 악랄한 탄압이 존재하는 나라도 드물다. 어쩌면 투쟁하는 이들만이 자본과 권력의 실체를 발가벗기기 때문은 아닐까."

책에서 여러 번 다시 읽은 구절이다. 죽음의 실체다. 강주룡과 다나베 기요시가 을밀대와 공장 굴뚝에 오를 수밖에 없었던 이유를 그는 알고 있다.

회사는 죽음의 행렬을 막으려는 어떤 공식적인 노력도 기울이지 않았다. 생명에 우선하는 가치는 없다. 쌍용차 노동자들은 생명을 지키기 위한 발걸음을 시작한다. 내 기억에 새겨진 중요한 첫걸음은 자신들의 투쟁이 아닌 한진중공업 공장 85호 크레인에 오른 김진숙을 만나러 가는 '소금꽃 찾아 천릿길'이었다. 9일 동안 420킬로미터를 걷고 달렸다. 시민들은 희망버스를 타고 출발해 부산에 도착했지만, 그들은 맨 걸음으로 도착했다.

회사는 '희망퇴직'으로 '희망고문'을 했지만 노동자들은 진짜 '희망'을 일구려 했다. 희망 텐트(평택 쌍용차 공장 앞)와 희망 뚜벅이, 희망 광장…… 흔해빠진 그 '희망'이라는 단어에 생명을 불어넣었다.

그리고 그 희망은 굴뚝 위로 올라갔다.

6

이창근의 시침은 연대의 발자욱을 가리킨다. 이 책은 그와 쌍용차 노동자들의 연대의 기록이기도 하다. 구미 KEC 반도체 공장, 콜트콜텍, 유성기업, 재능교육, KTX, 코오롱 해고자, 현대차 비정규직, 기륭전자 등의 노동자들과 함께한 시간들이 아로새겨져 있다. 지난 7년 이 땅 노동자들의 저항의 풍경을 펼쳐 보여준다.

이들은 비정규직과 정리해고 싸움의 상징이고, 주체들이다. 우리를 대신해 싸우는 이들이다. 독립운동가들이 그랬듯, 민주화운동가들이 그랬듯, 이들 소수가 보루가 되어 역사의 퇴보를 막아서고 있다. 우리, 그리고 미래의 우리는 이들에 빚지고 있고, 무임승차하고 있다. 일베 회원이며 신자유주의자들마저 이들에 빚지고 있다. 그래서 『이창근의 해고일기』는 이창근 또는 쌍용차지부의 이야기를 넘어 우리 사회의, 우리 모두의 이야기로 해석하지 않으면 오독이 된다.

쌍용차 노동자들은 시민들과 함께 새로운 연대 문화를 만들어 냈다. 노동자 가족의 심리 치유 공간인 '와락'이 문을 열었다. '와락'은 사회 갈등과 아픔의 현장에서 심리 치유의 중요성을 알리는 계기가 되었다. 세월호 참사 후 문을 연 '이웃'은 '와락'의 또 다른 이름이다.

레몬트리공작단은 아이들을 돌보았고, 정의구현사제단은 156일에 걸쳐 미사를 열었다. 작가들은 글을 쓰고 릴레이 강연을 했고, 여러 장르의 예술가들은 저마다의 방식으로 '희망'을 표현했다. 공지영, 이효리 등 유명인들도 용기를 내어 공개적인 지지로 대중의 관심을 불러일으켰다. 그리고 많은 시민들이 노란봉투 프로젝트, 분홍도서관 만들기 등에 참여하며 "해고는 살인"이라는 구호에 공감했다.

이창근은 쌍용차 사태를 '노동 세월호'라고 말한다. 우리 모두의 안전에 관한 일이기 때문이다. 우리 모두의 생명에 관한 일이기 때문이다. 대법원의 판결을 극복하고 우리는 쌍용차의 진실을 인양할 수 있을까? 세월호 사건 후 "가만히 있으라"는 말은 현 시대의 상징어가 되었다. 쌍용차 노동자들은 가만히 있지 않았다. 쌍용차 파업은 저항의 주체들만 가만히 있지 않는다고 해서 어떤 문제가 해결될 수는 없다는 것을 우리에게 깨우쳐주고 있다. 우리 모두가 가만히 있지 않을 때 세상의 변화는 가능하다.

『거대한 전환』(길, 2009)의 저자 칼 폴라니^{Karl Polanyi}의 글 여러 곳에 등장하는 문장이 있다.

"노동이란 이름만 다를 뿐 사실 인간을 뜻하며, 토지 또한 이름만 다를 뿐 사실 자연을 뜻한다."

이 문장은 우리가 노동 문제를 어떤 시선으로 바라봐야 하는지 일러주고 있다. 칼 폴라니의 표현대로 『이창근의 해고일기』에 쓰인 '노동'이란 단어는 '인간'으로 바꾸어 다시 읽어야 한다. 『이창근의 해고일기』의 시계는 인간을 가리키고 있다.

송기역 시인, 르포작가

섬 사람들이 다리를 놓을 때…

『섬과 섬을 잇다』
이경석 외 지음, 한겨레출판, 2014

우리는 대체로 자신이 직접 겪게 되는 협소한 삶의 공간을 중심으로 살아간다. 자신이 겪는 인간관계가 사회의 거의 전부였던 수렵사회나, 인구의 90퍼센트 이상이 비슷한 방식으로 생활했던 농경사회와는 달리, 복잡다단한 현대사회에서 우리는 타인의 삶의 영역에서 무슨 일이 일어나는지 제대로 알기 힘들다.

　그렇지만 우리는 스스로 어느 시대보다 세상사에 대해 많은 것을 알고 있다고 느낀다. 현대사회가 복잡다단하기 때문에 역설적으로 우리에겐 장래 어떤 직업을 가지게 되더라도 어느 정도는 적응을 할 수 있는 보통교육의 기회가 주어진다. 이는 현대사회를 살아가는 이들의 '권리'일 수도 있지만, 개별 구성원을 어떻게든 사회에 쓸모 있는 이로 만들기 위해 주어지는 '의무'이기도 하다. 그래서 대체로 우리는 '알만큼은 안다'라는 생각을 지닌 채 유년기와 청소년기를 지나 사회로 배출되며, 뉴스를 보며 세상사와 현실에 대해서 누군가를 욕할 수 있다. 어떤 정치인을 욕하는지, 해당 사건에 대해서 어느 쪽을 비난하는지는 서로 차이가 나지만 말이다.

21세기 한국사회에서 사회운동에 대해 말한다는 건 이 '알만큼은 아는' 이들에게 "당신들이 모르는 부분이 있다"라는, 정말로 듣기 싫은 소리를 해야 하는 까다롭기 짝이 없는 일이다. 자신의 무지를 지적당하는 것을 반기는 사람은 없다. 그리고 사람들은 대체로 순박한 수준에서 세상을 움직이는 질서가 그럭저럭 공정할 것이라고 믿는다. 왜냐하면 다들 자신이 주변 사람들을 대체로 선의로 대한다고 믿고, 그러한 자신의 태도를 기준삼아 이를 확장하여 세상을 바라보기 때문이다. 그러다가 사람들은 자신이 이해할 수 없는 '악의'를 만나면 그들이 얼마나 '나쁜 사람'인지를 비난하곤 한다. 그러한 비난의 아수라장은 인터넷 세상에서도 흔히 접할 수가 있다.

우리의 마음은 과거와 다름없이 선하다

수렵사회나 농경사회에서라면 이러한 태도로 사회문제를 이해하거나 대처하는 데 큰 문제가 없을 것이다. 수렵사회에선 남에게 '악의'를 품고 행동하는 이는 다른 이들의 비난만으로 타격을 받았다. 농경사회에선 대부분 비슷한 처지의 농민들을 괴롭히는 대상이 뚜렷하기 때문에 서로에게 감정이입하기가 쉬웠다. 그들에게 부족한 것은 압제자들을 이겨낼 물리적인 힘일 뿐, 사회를 조망하는 인식이나 다른 농민에 대한 이해의 부족은 아니었다.

우리는 어떤 의미에선 '옛날 사람들'보다 훨씬 편하게 살고 있지만, 한편으로는 '섬'처럼 고립되어 있다. 사실 수렵사회나 농경사회까지 끌어들일 게 아니라 산업화 초기나 안정기와 비교해볼 때에도 더욱 그렇다. 우리의 삶의 조건과, 이해관계와, 경험의 지평은 제각각이다. 터져 나오는 누군가의 절규를 들었을 때 우리는 눈살부터 찌푸린다. 우리는 '투쟁'이나 '사회운동' 같은 단어가 우리의 삶의 공간에 다가오는 것을 결코 바라지 않으며, 그렇기에 그런 것들이 큰 의미를 가지지 않는 세상을 바라고 소망한다.

『섬과 섬을 잇다』는 우리 대부분이 바로 그렇기 때문에 '섬처럼 고립된' 이들의 이야기를 담고 있다. 오해하지 마시라. 나는 지금 그 '우리 대부분'을 도덕적으로 비난하거나 질타하거나 심지어 일말의 불편함이라도 불러일으키려는 의도를 전혀 가지고 있지 않다. 나는 오히려 지금까지 적은 맥락 때문에, 이러한 우리의 태도가 매우 '자연스러운' 것이라 여긴다. 우리의 마음은 '내게 악의를 품은 나쁜 사람'에 대한 비난만으로 그럭저럭 문제를 해결했던 구석기시대와 별반 달라지지 않았다. 하지만 우리가 만들어낸 세상의 구조는 지나치게 복잡해졌고, 이곳에서 '사람을 사람처럼 대하지 않으면서 다른 많은 이들에게는 그것을 보이지 않게 하는 방법'은 지나치게 정교해졌다.

이 불균형을 해소하려면 국가적 차원에서 우리가 사는 세상의 질서에 대한 교육을 실시하거나, 그런 것이 없다 하더라도 우리 스스로 우리가 세상을 구성하지만 자본이 그 몫을 앗아간다고 여기는 굳건한 노동계급의식 같은 것을 갖는 일이 필요할 것이다. 하지만 우리 사회는 산업화를 먼저 이룬 다른 모든 선행주자와 비교해 봐도 그런 것들을 과하게 회피하고 억압하고 분쇄해가면서 지금의 부를 쌓아 올렸다. 이는 후발주자의 특권이자 폐해였다.

이 책은 사회운동가들의 언어로 '장기투쟁 현장'에 관한 사례를 담고 있다. 일곱 군데 현장을 생동감 있게 설명하기 위해 일곱 명의 만화가와 일곱 명의 르포작가가 힘을 합쳤다. 원래는 '장기투쟁 사업장', 줄여서 '장투사업장'이란 용어가 더 일반적이었으나, 밀양 송전탑 문제나 제주 강정마을 문제와 같이 명백히 '사업장'이 아닌 사례들이 생겨나면서 '사업장' 대신 '현장'이란 말이 사용됐다. 나머지 다섯 군데 현장은 쌍용자동차, 재능교육, 콜트·콜텍, 현대차 비정규직, 그리고 코오롱이다. '장기투쟁'이 벌어지는 곳이 '사업장'을 벗어난다는 것은, 현재 우리 사회의 당면 문제가 단지 기업과 개인 사이의 문제를 넘어 국가가 이해관계를 배분하고 미래를 기획하는 기능 그 자체에 대해 우려가 터져 나오는 영역에 있음을 시사하는 듯하다.

책을 읽는 내내 이러한 문제들에 제법 관심을 가지고 살고 있다고 생각한 처지임에도 내내 착잡하고 서글픈 마음이 들었다. 먼저 장기투쟁의 당사자들이 서로 배려하고 연대하며 모두가 '섬'인 상황을 극복하기 위해 노력하는 모습이 서글펐다. 이 책 역시 그러한 노력의 산물이지 않은가.

또 장기투쟁의 당사자들이 주변에서조차 이해받기 힘든 현실을 보면서 착잡했다. 이 책에 등장하는 한 자녀는 투쟁에 나선 아버지에게 "외국에도 비정규직은 있지 않느냐"라고 말하고, 역시 비정규직 노동자이던 동생들은 자신들도 점거투쟁과 같은 사건을 거치고 나서야 투쟁하는 형을 이해하게 됐다. 물론 이 경우 당사자의 주변인들이 하는 말이 기업 관계자나 아무 이해관계가 없는 일반인들이 하는 말과 비슷하다 해서 결코 같은 의미의 결을 지닌 것은 아닐 것이다. 투쟁하고 저항해봐야 바뀌는 것이 없고 생계의 곤란만 가중될 뿐이니 가족들을 생각해서라도 그만두는 것이 좋겠다는 소망을 표현한 말일 테다. 그러나 이러한 상황은 장기투쟁 당사자들의 어려움을 드러냄과 동시에, 평범한 생활인들이 장기투쟁 현장을 이해하기 어려운 이유도 설명해준다.

생활인이 '장기투쟁 현장'에 다가가려면

사람들이 장기투쟁 현장을 이해하기 어려운 이유는 다음의 두 질문으로 요약할 수 있다. 첫 번째 질문은, '정말로 그렇게 억울할까?'이다. 앞서 말했듯 우리들 대부분은 세상을 움직이는 질서가 그럭저럭 공정할 것으로 믿는다. 그런 믿음이 없이는 내 노력이 배반당할 가능성, 내가 누리는 몫이 정당한 것이 아닐 가능성, 그리하여 내가 부조리나 부정의에 눈감거나 동참하고 있을 가능성을 배제할 수 없기 때문이다.

나에게 아직 닥쳐오지 않은 고난이 누군가에게 닥쳐왔다면, 우리는 그것에 나름의 이유가 있었을 거라 믿는 쪽이 편하다. 우리는 송전탑과 해군기지의 건설이 다소 무리한 방식으로 강행되고 있을지라도 그 입지조건의 선정에는 나름의 이유가 있고 이에 찬성한 주민도 제법 있었을 거라 생각하는 쪽이 편하다. 국가가 퇴거시키려는 주민들에게 그들 기준에선 충분하지 않을지라도 어느 정도 손실을 메꾸는 수준의 보상은 제시했을 거라 생각하는 쪽이 편하다. 만약 기업에서 해고당한다면 내 입장에서도 처지가 막막했을 거라 여기긴 하지만, 해당 사례에서 기업에도 경영상의 어려움이 왔을 것이며 추려진 해고자들은 대부분 업무역량이나 근무태도에서 상대적으로 문제가 있는 이였을 거라 생각하는 쪽이 편하다. 어떤 이가 '단지 노동조합 활동을 했기 때문에' 해고당했다 강변한다 하더라도, 노동조합 활동이 업무에 방해를 줬을 거라고 생각하는 쪽이 편한 것이다.

두 번째 질문은, '어떻게 그토록 오래 싸울 수 있을까?'이다. 우리 중 대부분은 해고를 당한다 하더라도 투쟁의 대열에 합류하기보다는 생계를 위해 새 직장을 찾는 일에 골몰할 것이다. 그래서 오래 투쟁하는 이들을 '불순한 외부 투쟁세력'(여기서 지칭되는 이들은 대체로 민주노총과 같은 노조이거나 사회운동단체들이다)에 오염된 이들로 정의하는 목소리에 쉬이 납득하게 된다.

이 두 개의 질문에 대해 뭐라 답해야 할 것인가. "그렇게 억울했기에 그토록 오래 싸울 수 있었다"라고 답할 수도 있을 것이다. 혹은 "싸우지 않으면 송두리째 뺏길 처지이기에 싸우는 것 말곤 답이 없다"고 답할 수도 있을 것이다. 이 책에는 그렇게밖에 답할 수 없는 사례들로 넘친다. 밀양에서의 싸움은 외부인들이 보기엔 흔히 '삶의 터전'과 '보상'의 대립으로 보인다. 그래서 "차라리 보상을 더 요구한다면 모를까, 삶의 터전을 지키기 위해 물러설 수 없다고 하면 전기는 어디로 운반하나?"라는 볼멘소리를 내뱉을 수도 있다. 그러나 '보상액수'만으로 억울함을 납득하게 되는 생활인의 시선으로도 밀양의 상황은 답이 없다. 송전탑이 지나가는 땅에 대한 보상액수는 시가액에 한참 못 미치고, 더 이상 농사를 짓지 못할 송전탑 주변 땅에 대한 보상은 전무하다. '더 이상 농사를 짓지 못할 땅'이란 말은 국가 정책에 저항하기 위한 사회운동세력의 수사가 아니다. 이는 그 땅에서 농사를 짓겠다는 이들에겐 더 이상 대출을 해주지 않겠다는 농협의 판단이다. 여기서 국가의 '눈가리고 아웅'은 냉엄한 시장의 셈법에 의해 금세 폭로된다.

그러나 더 중요한 대답은, 생활인의 감각에서 볼 때 그 일이 그토록 힘든 것이기에 그들은 그토록 극소수로 고립되어 있다는 것일 게다. 장기투쟁 현장에서 끝까지 남아서 책에 등장하는 이들은 극소수다. 다들 우리와 비슷하기 때문이다. 그리고 투쟁은 빈둥빈둥 놀면서 밀린 월급을 타내려는 시도가 아니다. 이 책에 나온 대부분의 사례들에서 당사자들이 선택한 고공농성이나 천막농성 등은, 사람의 건강을 심각하게 해친다. 특히 지금의 한국사회에선 대부분의 투쟁 당사자들이 자기 몸을 해하는 것 이외의 수단을 가지고 있지 못한다. 이에 대해 무임승차라거나 어떠한 정치적 속셈의 산물이라고 비난하는 것은 어떤 방식으로 따져 물어봐도 적절하지 않다.

이 책에 등장하는 이들은 어떤 의미에선 특별하고, 어떤 의미에선 평범하다. 그들이 지금껏 투쟁하고 있는 상황 자체는 '특별'할지 모르나, 개별적으로 따져본다면 그 이유는 '평범'한 것일 수 있다. 그리고 이는 우리도 마찬가지다. 우리는 우리 나름의 삶을 살아가며 그들과 연대하기 위해서는 먼저 스스로의 나약함을 인정해야 한다. 우리는 슈퍼맨이 아니다(물론 이 책에 등장하는 이들도 마찬가지다). 우리가 세상사의 어떤 부조리를 지각한다 해도 누구도 그에 대한 전적인 책임을 묻지 않는다. 우리가 그걸 알았다고 해서 생업을 포기하고 저 현장에 나가야 할 필요는 없다. 부조리를 개선하기 위해 힘을 보태는 일은 전업활동가가 아니라도 할 수 있다. 막연하게 세상은 공정할 거라 믿는 생활인과 전업활동가 사이에도 수많은 선택지가 있다.

　나 역시 한참 투쟁하는 이들에게 다가설 때는 모종의 민망함을 느낀다. 그들이 당면한 현실과 사뭇 먼 거리에서 일상적인 활동과 고민을 하는 내 삶의 모습이 포개지기 때문이다. 하지만 그들도 우리도 나약하다는 사실을 인정한다면, 그 민망함은 충분히 감내할 만할 것이다. '섬'에 다가서기 위해선, 결국엔 그 나약함과 민망함을 통과해야 한다. 그들뿐만 아니라 실은 우리도 '섬'에 살고 있기 때문이다.

한윤형 칼럼니스트

개천에서 나는 건 물방개뿐이다

『대한민국 취업 전쟁 보고서』
전다은 외 지음, 더퀘스트, 2014

세상이 평등하다고 여긴 적은 단 한 번도 없지만, 갈수록 불평등은 심화되는 것 같다. 언론인 김선주는 〈한겨레〉에 쓴 칼럼에서 "동란 이후 지위와 부, 계급이 확실하게 3대 이상으로 세습되는 체제가 견고하게 갖춰졌다"고 표현했다. 그 말대로 개천에서 용이 날 수 없는 시대가 되었다. 개천에서 날 수 있는 건 기껏해야 물방개 정도다. 설사 만에 하나 용이 태어난다 하더라도 그는 개천 생태계의 먹고살 방도를 책임지느라 빨대 꽂혀 허덕이다가 결국 개천에서 매몰되기 십상이다. 여성이 다수인 인터넷 커뮤니티에서 흔히 하는 말인 "개천 용과 결혼하면 결국 개천으로 끌려들어간다"라는 표현은 매우 속물적으로 보이지만 현실을 차갑게 간파하고 있다.

10대 때 치르는 수능이라는 시험이 결국 그 사람의 평생에 큰 영향을 끼치는 현실에서, 사교육에 투자할 수 있는 가정의 자녀와 그렇지 못한 자녀 사이에는 큰 격차가 생길 수밖에 없다. 오죽하면 아이가 괜찮은 대학에 들어가기 위해서는 할아버지의 재력, 아버지의 안정된 직업, 어머니의 정보력이 필요하다는 말이 있을까. 그렇게 우리 사회 구성원들은 스무 살에 서로 다른 출발점에서 인생을 시작하고, 그 거리를 좁히는 일은 불가능에 가까운 현실에서 살고 있다.

자기계발서의 인기 저자들이 하나같이 그 거리를 좁히는 데 성공한 경험을 이야기하고 있다는 사실을 생각해보면, 이들의 성공담은 마치 현대의 아킬레우스나 헤라클레스처럼 일종의 영웅담으로 소비되고 있는 것이다. '지잡대'를 나왔지만 매일 새벽같이 출근해 모든 사원들의 책상을 청소하고, 야근을 자청해 결국 대기업에 합격했다는 이야기야말로 이 취업난 시대의 영웅담처럼 보이지 않는가?

우리 세대는 투쟁할 수 있을까

불과 십몇 년 전까지만 해도 '조직의 톱니바퀴로 살고 싶지 않다'고 주장하는 객기 넘치는 젊은이들이 간혹 있긴 했다. "안녕들하십니까"라는 대자보로 많은 사람들의 공감을 얻었던 고려대 학생 주현우는 초등학교 때 외환위기를 맞았는데, 그 이후로 평생 들은 이야기가 '형편이 너무 어렵다', '경제가 앞으로도 더 어려워질 것이다'밖에 없었다고 한다. 뭔가 잘될 거라는 이야기나, 어떤 희망도 주입받지 못하고 자란 세대라는 것이다. 자기 먹고살 걱정밖에 않고 사회문제에 관심이 없어 이기적이라는 비난을 받는 20대들이 사회 변화의 동력이 되기를 바라는 기대는 하릴없다. 그럴 수밖에 없는 것이, 끊임없이 '공포'만을 프로그래밍당하며 자라난 이들에게 학점 관리와 취업 준비도 살뜰하게 하면서 사회 최전선에서 싸우기도 하라는 주문은 '미션 임파서블' 아닌가?

쌍용차 굴뚝농성을 응원하면서 한편으로 내가 서글펐던 것은 내 또래와 그 이후 세대의 청년들이 과연 힘을 합쳐 저런 투쟁을 할 수 있을까, 라는 의문 때문이었다. 전망은 비관적이다. 출발선의 공평성은 철저히 무시하면서 취업 실패나 해고 등의 문제는 철저히 개인의 탓으로만 돌리는 사회 분위기에 익숙해진 세대가 동료 노동자들의 무더기 부당해고를 본다 한들 '저건 저 사람의 역량 부족으로 쫓겨난 것'이라고 생각하는 게 당연한 귀결 아닐까. 쫓겨난 당사자도 '내가 남들보다 부족해서'라며 자신이 회사에서 필요한 인재가 아니라고 자책할 가능성이 높을 것 같다. 이 세대가 바보여서가 아니라 그만큼 개인화, 파편화된 데다가 경쟁이 내면화되어 있기 때문이다.

『우리는 차별에 찬성합니다』(오찬호, 개마고원, 2013)에서 요즘 대학생들이 대학의 서열화를 별 불만 없이 그대로 받아들이거나, 같은 대학이라 하더라도 경쟁률이 낮은 학과에 대해 높은 학과의 학생들이 우월감을 느끼거나, 농어촌전형으로 들어온 학생을 자신과 동등하게 인정하지 않는 모습 등을 보면 얼핏 '요즘 애들 참 싸가지 없다'하며 혀를 차게 될지도 모르지만, 혀를 차고 끝낼 일이 아니다. 자신의 '상품가치'를 타인과 잽싸게 비교하고 서열화하는 풍토는 그만큼 그들이 모든 실책을 개인의 탓으로 돌리는 사회에서 경쟁과 비교, 서열을 철저히 주입당하며 자랐기 때문이다.

『대한민국 취업 전쟁 보고서』에 등장하는 세 젊은이들의 고군분투를 보면서 나는 지긋지긋하고 끔찍해서 책장이 잘 넘어가지 않았다. 이들의 고단하고 바쁜 삶을 보면서 '그렇게까지 꼭 CJ에 가야만 하는가' 하는 회의적인 생각까지 들었다. 영화 시나리오 작가, 에세이스트, 녹즙 배달, 카페 서빙 등의 비정규직 일자리를 수없이 겪고, 대학 재학 중에도 고학하느라 주 3일은 출근해 일하는 정규직 사원으로 희한한 이중간첩 노릇도 했고, 대기업에 재직한 경험은 없지만 중소기업과 공기업에서 정규직 경험을 해봤던 나는 물론 대기업을 그토록 원하는 이유를 잘 알고 있었다. 정치인들은 아무렇지 않게 중소기업에 가서 일하면 되지 않느냐고 하지만 복지나 처우, 연봉 등은 차치하고, 중소기업에서 일할 때의 진짜 문제는 더 규모가 있는 기업으로의 이직이 너무나 어렵다는 것이다.

"첫 끗발이 개끗발"이라는 말처럼, 중소기업에서 직장생활을 시작하면 계속 그 자리를 맴돌 가능성이 크다. 내가 중소기업에서 일할 당시 동료들은 충성심은커녕 이곳을 더 좋은 기업에 가기 위해 억지로 거쳐야 하는 간이역처럼 여겼다. 어느 정도 경력 관리에 성공한 사원들은 하루라도 빨리 이직했고, 남아 있는 사람들 사이에는 '내 주제에 받아주는 곳이란 여기밖에 없다'는 패배감이 무겁게 떠돌았다. 한번은 팀장이 팀원들을 불러놓고 질책했다. "여기어차피 다른 회사로 옮길 능력이 되는 사람 아무도 없잖아요?" 우리가 모욕감을 느끼건 말건 엄연한 진실이었으므로 고개를 푹 숙이고 신발 끝이나 쳐다보았다.

그때에도 시작점에서의 불공평함을 실감했는데, 강남에 회사들이 몰려 있는 현실에서 용인, 안산, 인천, 뭐 그런 곳에 사는 사원들은 왕복 서너 시간이나 소요되는 출퇴근 시간의 만원 전철에서 매일 녹초가 되어 다녔다. 그러나 집이 강남이거나 근처에 원룸 혹은 오피스텔을 얻을 수 있는 경제력이 되는 사원들은 여유롭게 출근했고, 일찍 일어나야 하는 원거리 거주자들과 달리 야근이나 회식을 마다할 이유가 없었다. 결국 경제적으로 풍요로운 사람들이 훨씬 더 쉽게 업무능력도 향상되었으며 직장 내 인간관계도 매끄러울 수밖에 없었다.

나는 그때 회사 근처의 재개발 지역에서 허름한 방을 얻어 출퇴근 시간을 극복했지만 아마 그건 미혼일 때밖에 써먹을 수 없는 전략일 것이다. 결혼을 하고 가족이 생긴 사람들이 혼자 살기도 좁아터진 반지하에 살 수는 없을 테고 형편에 따라 서울 외곽으로 밀려나게 되니 아이 양육에 대한 문제 등도 포함해서 기혼일 경우 이 격차가 점점 더 커지는 것이 자연스러워 보인다.

회색 지대를 꿈꾼다

내가 졸업할 때 모교인 한국예술종합학교의 취업률은 2퍼센트였다. 유학을 가거나 4대보험이 안 되는 예술작업을 하는 졸업생이 대부분이었으므로 취업률이 낮은 것은 당연한데, 내가 설마 그 2퍼센트 중에 포함되리라고는 상상도 하지 못했다. 3년간 입봉을 기대하며 영화 한 편에 매달려 있었을 때 받은 돈은 연봉으로 치면 300만 원 정도였으므로 다른 비정규직 일자리를 닥치는대로 소화할 수밖에 없었다. 수시로 영화사에서 전화가 와서 며칠간 진행되는 시나리오 수정작업을 위해 여관에서 합숙을 하곤 했다. 그때마다 다른 아르바이트들의 시간을 조정하느라 식은땀을 흘린 기억이 선하다. 몇 명의 동료 작가들은 다른 직업을 갖고 있지 않았다. 작업에 집중하라고 부모님이 얻어주신 오피스텔에서 생활하면서 시나리오를 쓰는 것 말고 그들은 다른 일을 하지 않아도 괜찮았던 것이다. 그때 나는 어떤 절망감을 느꼈다. '아, 이런 사람들하고는 도저히 경쟁할 수 없겠구나' 하는 생각, 좌절감이 피부에 와닿았다.

졸업 후 나는 최소한의 돈만 벌면서 영화 시나리오 작업에 집중할 생각으로 꿈에 부풀어 있었지만, 그 꿈은 순식간에 와장창 깨졌다. 부모님이 급전이 필요하게 되어 취업 사이트를 뒤지고 이력서를 수없이 낸 후 간신히 어느 중소기업에 취직해야 했던 것이다. 사법시험 합격률보다 작가로 입봉하는 확률이 더 낮았던 때 겨우 입봉에 성공했고 장차 시나리오 작업에 집중하며 작가로 역량을 키우고 싶은 생각이 간절했지만, 형편이 어려운 가족들을 모른 척할 수는 없었다. 사람들은 흔히 굳게 버티는 놈이 이긴다고 쉽게 말하지만 결국에는 버틸 돈이 있는 사람이 이기는 거였다. 나는 도저히 버틸 수가 없었다.

중소기업에서 3년을 일하고 사표를 던진 몇 년 후 연로한 나이에 공기업 공채에 합격했지만, 결국 14개월 재직 후 다시 사표를 냈다. 개인적으로 큰 일이 있었던 탓도 있지만 주말에 시체처럼 누워 있는 걸 빼면 아무 일도 할 수 없을 정도로 업무 강도가 강했다. 일상적인 야근은 물론이었다. 당장 급한 일이 없어도 야근을 자청하는 사원들이 상당히 있었는데 차마 그들을 욕할 수가 없었다. 업무 강도에 비해 연봉은 너무 낮으니 야근 수당이라도 보태지 않으면 들어오는 수익이 너무 적었다. 그때 처음으로 이렇게 구를 줄 알았으면 대기업 한번 가볼걸, 하는 생각까지 들었다.

2년 전 그곳까지 그만둔 이후로는 다시 직장인이 될 엄두도 못 내고 있다. 사회생활에 적응하지 못한 패배자, 라는 무거운 마음은 피할 수 없지만 최소한의 소비를 하며 몹시 가난한 와중에도 서커스처럼 어찌어찌 생활은 꾸려나가고 있고, 하고 싶은 작업을 하면서 읽고 싶은 책을 읽을 시간도 충분히 확보하고 있다. 물론 누구나 이렇게 살 수 있는 게 아니라는 건 안다. 현재 우리 사회에는 단 두 가지 선택만이 남아 있다. 빈둥거리며 시간제 일자리로 입에 풀칠이나 하면서 남들의 멸시를 감당하거나, 죽도록 일하고 죽어라 돈 벌고 걸레 짜듯 골수까지 짜낸 다음 50대에 소모되어 직장에서 쫓겨나거나.

우리 사회는 회색 지대의 인간을 허용하지 않는다. 적게 버는 대신 적게 쓰고 저녁이 있는 삶을 살고 싶은 사람이 설 자리는 없다. 책에 나오듯 기업이 이렇게 사람을 쓰고 버리는 자재처럼(소위 인적 자원, 사람을 '자원'으로 취급하는 그 표현!) 간주하는 일은 앞으로도 계속될 것이다. 그렇게 해도 일할 사람은 얼마든지 널렸으니까. 불황의 끝은 보이지 않으니까. 그러므로 기업 측에서는 저요, 저요, 하는 사람들 중에 얼마든지 골라서 쓰고 노동자를 막 대해도 손해

보는 일은 아마 앞으로도 없을 것이다.

　책장을 덮으며 도대체 앞으로 어떻게 살아야 하는가, 라는 무거운 질문이 심장을 누름돌처럼 무겁게 눌렀다. 그러나 취업 전쟁에 '불평등'이란 놈이 깊게 개입하고 있는 한 뾰족한 수는 도무지 없을 것 같다. 연대나 단결 같은 것도 화석처럼 과거의 유물이 되어버릴 것이라는 전망에 도달하자 마음이 더욱 무거워졌다. 정말이지, 도대체 우리는 어떻게 살면 좋을까? 이제는 '열심히' 말고 다른 답이 필요하다. 그리고 회색으로 사는 것이 허용되는 지대 역시 아주 간절히.

김현진 에세이스트

노동자를 이끄는 것은 위대한 사랑의 감정

『노동자, 쓰러지다』
희정 지음, 오월의봄, 2014

"놀라운 책 하나를 만났다. '안전'의 자리에 '이윤'이 들어선 우리 사회의 민낯이 아프게 기록되어 있다."

『노동자, 쓰러지다』 책 표지에 송경동 시인이 쓴 문장이다. 결론부터 말하면 사실 놀랍지는 않다. 워낙 우리 사회에 '아픈 민낯'이 많기 때문이다. 이 책은 건설, 철도, KT, 우체국, 택배, 퀵서비스, 전자, 자동차, 병원, 타워크레인, 청소 등의 현장에서 노동자들이 아프고 다치고, 죽도록 일하는 모습을 르포 형식으로 쓴 책이다. 인터넷 언론 〈프레시안〉에 연재한 글을 정리 보충했다.

요즘 이런 책이 몇 권 나왔다. 1970년대 청계천 여공의 삶을 쓴 신순애의 『열세 살 여공의 삶』(한겨레출판, 2014), 쌍용차 부당해고에 항거하면서 70미터 높이의 굴뚝에 올라 101일 동안 버텼던 이창근이 쓴 『이창근의 해고일기』(오월의봄, 2015), 그리고 이 책 『노동자, 쓰러지다』. 이런 책들은 읽기가 힘들다. 너무 억울하고 마음이 아프고 분노가 일기 때문이다. 그래서일까? 노동건강연대 활동가 전수경은 이렇게 말했다. "이 책을 손에서 놓지 마세요."

그렇다. 읽기 힘들어도 읽어야 하는 이유는, 이 책에 나오는 노동자들의 사례가 내 자신, 내 가족, 우리 이웃들 이야기이기 때문이다.

일하다 죽을 확률, OECD 국가 중 1위

저자는 이 책에서 노동자들이 일하는 열악한 현장과 노동조건, 그 때문에 일어나는 산업재해에 주목한다. 한국은 산업재해 왕국이다. 그런데 저자에 따르면 한국의 산업재해율은 이른바 선진국이라 일컫는 나라들보다 매우 낮다. 미국의 전체 노동자 중 2.5퍼센트가 일하다 다친 반면, 한국은 고작 0.7퍼센트 산재율이다. 독일은 한 해 평균 80만 명이 일하다 다치는데 한국은 고작 그 10분의 1도 되지 않는 8만 명뿐이다. 도대체 왜 이런 요상한 통계가 나오는 걸까?

이 책의 부제는 '르포, 한 해 2000명이 일하다 죽는 사회를 기록하다'이다. 부제에서 짐작할 수 있듯이 문제는 산업재해로 죽는 확률이다. 2009년 미국이 10만 명당 4명의 사망률인 데에 견줘 한국은 21명이 죽었다. 한 해 산업재해로 죽어가는 노동자가 미국이나 일본보다 세 배가 많고 영국보다 15배나 많다. 감이 안 잡히시는지? '하루 평균 6명꼴, 4시간에 한 명씩 죽는다'고 하면 감이 잡힐까? 이는 OECD 국가 중 1위다. 이런 통계가 나오는데 산업재해율이 낮은 이유는 뻔하다. 산재 사고는 산업재해보상보험을 통해 보고된 수치로 파악하고 있는데 우리 노동자들은 일하다 다쳐도 개인이 치료하거나 '공상'으로 치료받거나 아예 치료를 안 받기 때문이다. 왜? 산업재해로 보상받을 수 있는 시스템이 미비하고, 정부가 그걸 원하지 않고, 노동자가 산업재해로 치료하면 잘릴 염려가 있어서 아예 산업재해 신청을 하지 않기 때문이다. 정규직도 그러한데 해마다 계약을 하는 비정규직이나 하루살이 알바들이야 오죽할까.

우리는 노동자가 '이 세상의 주인'이라고 배운다. 하지만 한국사회에서 노동자는 언제 죽을지 모르는 소모품이다. 책을 쓴 저자가 건설 용접 일을 20년 넘게 해온 이한테 '노동의 자부심'에 대해 물었더니 이렇게 대답했다.

"내가 일하던 곳이 조선소였습니다. 조선소 알죠? 배는 커도 칸칸이 사람 하나 제대로 못 들어가게 생긴 곳이 많아요. 거기서 용접을 하고 내려와서 다음날 사다리를 타고 올라가는데, 머리부터 올라가는 순간 숨이 컥 막히는 거예요. 내려와서 여기 이상하다 했더니, 전날 작업하고 가스를 안 뺀 거라면서 가스 빼는데, 그동안 나는 작업을 안 하고 노는 거예요. 가스가 다 빠지고 나니까 사람 하나가 죽어 있더라고요. 머리 하나만 더 밀어 넣었어도 나도 어떻게 되었을지 모르는 거예요. 그런데도 가스 빼는 그 시간 동안 쉬는 게 너무 좋은 거예요. 그러다가 사람 죽었다니까 등골이 싸하고. 그게 노동자입니다."

요즘 노동자들이 일하는 모습을 보자. 지난 3월 5일 서울시 마포구 합정동 구역을 배달하는 택배 노동자를 따라다니며 취재한 적이 있다. 물건 하나를 배달하는 데 떨어지는 수수료는 무게와 크기에 따라 300원에서 1000원 사이였다. 택배 기사는 차에서 물건을 찾으면 그걸 들고 뛰어다녔는데 도저히 그를 따라다닐 수가 없었다. 200개 정도 되는 물건을 배달해주고 600개 정도의 물건을 다시 받아 터미널로 갖다 줘야 했다. 아침 6시에 아침밥을 먹고 나오면 시간을 아끼느라 점심, 저녁을 먹지 못한다. 그리고 밤 10시에 일이 끝나 집에 가서 저녁을 먹는다. 이게 사람이 사는 세상인가 싶었다. 그래도 이 택배 기사는 산업재해로 죽을 위험은 낮다.

『노동자, 쓰러지다』에서는 오금이 저릴 정도로 위험한 현장에서 일하는 노동자들의 모습을 보여준다. 저자는 10년 전, 건설 노동자를 취재하다가 깎아지른 절벽에 세워진 일직선으로 된 철 사다리를 타고 타워크레인을 오르는 노동자를 보고 그 충격이 사라지지 않았다고 했다. 저자는, 다른 이동 수단이 있는데도 그 노동자가 번거로움을 피하기 위해 목숨을 걸고 사다리를 오른 거라고 생각했다 한다. 순진한 생각이다. 10년 전이나 지금이나 타워크레인은 안전승강장치가 없다.

나는 2011년 여름에 타워크레인 기사를 취재했었다. 100미터 높이의 타워크레인을 오르는 것을 체험하려고 수직으로 된 철 사다리에 매달려 올라갔다. 오로지 팔 힘으로만 올라가야 했으며, 그나마 중간 중간에 피할 곳이 있는 게 다행이었다. 팔이 부들부들 떨려 세 번이나 쉬고 겨우 올라갈 수 있었다. 이렇게 한 번 올라가는 게 힘들기 때문에 타워크레인 기사는 위에서 점심을 먹고, 소변은 마련해놓은 통에다 해결했다. 취재를 마치고 내려오는 건 더 힘들었다. 손은 떨리고 다리는 후들거렸다. 손만 놓으면 아득한 지하실까지 떨어질 판이었다. 노동자들은 이렇게 늘 위험한 환경에 처해 있다. 건설 현장에서는 해마다 700명이 사망한다.

우리에게 필요한 것은 '감수성'

웃으면서 죽어가는 감정노동의 심각성도 만만치 않다. 지난 2013년에는 NC백화점 송파점 액세서리 매장에서 일하던 협력업체 여직원 전아무개 씨가 "더 이상 백화점 일을 하고 싶지 않다"는 유서를 남기고 스스로 목숨을 끊었다. 회사 측은 고객을 왕으로 모시라고 한다. 늘 회사의 감시를 받는 서비스 노동자는 왕 앞에서 무릎을 꿇고 머리를 조아려야 한다. 책에는 대형 마트, 백화점, 다산콜센터 등 감정노동을 하면서 스트레스를 받는 노동자들의 생생한 사례가 실려 있다.

서비스 감정노동을 강요하기 시작한 것은 외환위기 이후 신자유주의가 확산되면서부터일 것이다. 언젠가 MBC방송국에서 김용만, 김국진이 진행하는 〈칭찬합시다〉라는 프로그램에 출연한 적이 있었다. 그 당시 나는 서울동해운수 버스 운전을 하고 있었다. 김용만, 김국진은 나를 두어 시간 인터뷰하고 영상을 찍었는데 아무래도 미흡한 듯했다. 그 프로그램 마지막 멘트가 "'어쩌고저쩌고 해서' 친절한 이 사람을 소개합니다!"였는데 아무리 봐도 나를 칭찬할 만한 이유가 나오지 않았다. 그이들은 나에게 요구했다. 올라

타고 내리는 손님들한테 인사를 하라는 거였다. 인사를 하면 '친절한 기사'로 소개할 수 있기 때문이었다. 하지만 나는 인사를 하지 않았다. 결국 김용만, 김국진은 "'어쩌고저쩌고해서' 친절한 이 사람을 소개합니다!"라는 멘트를 하지 못했다. 사실 그때 회사에서도 기사들에게 손님들한테 인사를 하라고 요구하고 있었다. 하지만 종점에 들어오면 오줌 눌 시간도 없는 빠듯한 배차 시간 때문에 난폭운전을 해야 하는 판에 그럴 여유가 있나? 게다가 손님들한테 일일이 인사를 하다 보면 기사가 운전에 집중을 할 수가 있나? 나는 회사 말을 듣지 않았다. 그때 그렇게 회사가 기사들에게 친절을 강요하는 행위를 가볍게 생각했다. 그런데 지금 이런 사회가 될 줄 꿈엔들 알았으랴.

신자유주의는 현 사회를 1970년대 노동 현장으로 되돌려놓았다. 어떤 면에서는 그때보다 더 심하다. 작은 회사나 알바를 고용하는 곳은 월급을 떼먹기도 하고, 큰 회사는 걸핏하면 회사가 어렵다며 정리해고를 해버린다. 노동자들이 저항을 해도 들을 생각을 않는다. 길거리에서 해고투쟁을 10년간 해도 무관심, 굴뚝에 올라가 100일, 300일 항거해도 본체만체, 심지어는 목숨을 던지면서 절규해도 관심을 두지 않는다.

해결책이 있을까. 이윤만 추구하는 자본가들이 스스로 노동 조건을 개선하지는 않을 것이다. MBC 프로그램 〈무한도전〉에 나오는 박명수가 수능시험 응원을 해달라는 고3 학생에게 이렇게 말했단다. "공부해. 안 그러면 더울 땐 더운 데서 일하고, 추울 때 추운 데서 일한다."

좋은 환경에서 일하려면 공부만 하면 될까? 글쎄다. 좋은 환경이라고 일컫는 30대 대기업과 공기업, 금융업이 한 해 고용하는 신규 인력은 2만 명가량이다. 그런데 한 해 대학 졸업생은 54만 명이다. 아무리 열심히 공부해도 97퍼센트는 그런 회사에 들어갈 수 없는 세상이다. 그런데 3퍼센트에 속하기 위해서 97퍼센트를 밟고 올라서면 될까? 97퍼센트가 좋은 환경에서 일할 수 있는 사회가 올바른 사회라는 건 분명하다. 그러기 위해서는 어떻게 살아야 할까? 나만 안 다치고 안 잘리면 될까?

저자는 노동안전보건단체에서 일하는 사람에게 '인간이 일하다 죽지 않기 위해서는 무엇이 필요하냐'고 물었다. 그이가 한 대답은 뜻밖에도 '감수성'이었다. 안전장치, 관리감독, 구조와 시스템 문제보다 '인간이 일하다 죽는 것을 아파하는 감수성이 우리에게 있어야 한다'는 것이다. 아마 자본가들이 스스로 그런 문제를 고칠 리 없기 때문에 한 대답인지도 모른다. '감수성'이라는 대답에서 나는 쿠바를 해방시킨 혁명가 체 게바라^{Che Guevara}가 한 말이 생각났다.

"단 한 사람의 무고한 죽음에 대해서도 고통을 느낄 수 있는 감성을 계발하고 자유의 깃발 아래 함께 나설 수 있는 용기를 가져야 한다."

감수성을 기르려면 어떻게 해야 할까. 눈시울이 붉어지고 콧등이 시큰해지고 분노가 일어도 이런 책을 두 눈 부릅뜨고 읽어야 한다. 노동자들의 현실을 속속들이 알고 아픔을 공유하고 실천해야 한다. 그래서 송경동 시인은 이 책을 '놀라운 책'이라고 했는지도 모른다.

체 게바라가 한 말은 요즘 신자유주의 시대를 살아가는 우리 노동자들에게 하는 말처럼 들린다. 한마디 한마디가 가슴에 와 박힌다. "자본주의는 인간을 제물로 삼는다", "만일 당신이 항상 부조리에 대해서 분노를 느낀다면 당신은 곧 내 동료다", "진정한 혁명가를 이끄는 것은 위대한 사랑의 감정이다" 등등.

자본주의의 실체를 똑바로 알고, 부조리에 대해 분노를 느끼고, 남의 아픔을 헤아릴 줄 아는 '사랑의 감정'. 벼랑 끝에 내몰린 노동자에게 없어서는 안 될 심성이다.

안건모 월간 〈작은책〉 발행인

이따위 사회 이따위 어른

『십 대 밑바닥 노동』
이수정 외 지음, 교육공동체벗, 2015

자동화 기술의 발달이 갈수록 더 많은 노동의 축소를 초래하는 사회는 기로에 서게 된다. '실업과 여가' 그리고 '파괴와 창조' 사이에서 어떤 조합을 만드느냐에 따라 그 사회의 생활 풍경은 확연하게 달라진다. 양극을 나누면 '실업과 파괴'의 조합으로 가는 사회와 '여가와 창조'의 조합으로 가는 사회가 있겠다. 이 차이는 사회 구성원들이 어떤 윤리를 사고하는지 또 어떤 공동체를 상상하는지에 달려 있다. 그 양자택일에 따라 노동의 의미는 물론 노동하는 인간의 존재 가치도 판이하게 달라진다.

'실업과 파괴'의 조합을 선택한 사회라면 노동의 축소는 대량 실업과 만성적 실업을 뜻한다. 평생을 설계할 수 있는 '신의 직장'이

정규직 안에서 폐쇄된 이후 그 밖으로 쫓겨난 '인간의 노동'은 비정규, 불안정, 시간제 일거리를 둘러싼 무한경쟁의 쳇바퀴를 돌리다가 신빈곤의 평등 상태로 수렴된다. 신빈곤이란 물론 소득의 빈곤이지만 무엇보다 모험의 빈곤, 사랑의 빈곤, 꿈의 빈곤이다. 이렇게 하루살이를 위해 매일 노동하는 존재는 삶의 서사를 '포기'하거나 '달관'하게 된다. 달리 표현하면 삶이 날마다 침식되다가 복구할 수 없을 만큼 파괴되는 것이다.

이 파괴는 경제학 고전에서 '창조적 파괴Creative Destruction'를 논할 때의 그 '파괴'에 잇닿아 있다. '10만 명을 먹여 살릴 한 명의 천재'에 비유되던 '창조적 파괴자'는 과거엔 허허벌판에 산업단지를 일으켜 세우기도 했다. 그러나 이제는 '신의 직장'의 사내방송에서 나오는 그들만의 구호에 불과할 뿐이다. '인간의 노동'을 새롭게 창조하기 위해 정작 파괴해야 할 구질서(부의 세습, 세금 탈루, 부정부패의 권력 구조)가 무탈하다면 그 '파괴'는 노동하는 인간 자신을 향한다. 이런 사회에서 노동하는 인간은 규칙적으로 소모되다가 어느 날 탈진하거나 폐기된다.

반대로 노동의 축소라는 사회 변화를 '여가와 창조'로 만들어가는 사회라면 획기적인 분배 시스템을 상상해야 한다. 시민배당 혹은 기본소득과 같은 발상으로 사회를 부분적 또는 전면적으로 재구성하는 실험을 실행해야 한다. 생산성의 잣대를 넘어 한 사람, 한 사람의 활동성을 장려하고 나아가 존재 자체를 축하하는 사회를 꿈꾸기 때문이다. 이런 사회에서 '노동'은 놀이(여가) 및 학습의 순환 고리에 맞물려서 이윤이나 임금의 잣대와 다른 맥락에서 다양한 의미를 획득한다. 요컨대 경제적 노동과 사회적 활동이 공존하며 서로를 원하는 복합적인 사회공동체에서의 인간은 관계의 창조 안에서 살아가며 우정을 가꾸는 존재가 된다.

아득한 밑바닥의 밑바닥의 밑바닥 세계

단순화시킨 양극의 사회 중에서 '실업과 파괴'의 문턱을 넘어선 우리 사회는 노동을 사회 맨 밑바닥에 뭉개버렸다. 그렇게 밑바닥에 널브러진 노동 내부에 또 다시 밑바닥이 있다. 밑바닥의 밑바닥 노동이다. 여기로 빨려 들어가 노동하는 '미성년자' 십 대는 '밑바닥의 밑바닥의 밑바닥 존재'가 된다. 『십 대 밑바닥 노동』이 제목 자체만으로 아득한 까닭이다. 거기에서 숨을 쉬고 있다니, 제정신을 갖고 보게 된다면 충격의 충격의 충격을 받게 된다. 하지만 그들 십 대는 바깥의 바깥의 바깥으로 분리수거된 존재라 보이지 않는다. 아득하게 저 멀리에 어른거릴 뿐이다.

보이지 않는 그곳에서 밑바닥의 밑바닥의 밑바닥 노동을 하는 십 대에겐 무엇이 있을까. 그곳에는 인격 존중이나 자기계발이나 노동의 가치는 없다. 그곳에서는 시장 원리나 안전 보장이나 노동의 대가도 없다. 이것을 노동이라 불러야 한다면 분쟁 국가에서 총을 쏘는 청소년, 저개발 국가에서 광물을 캐는 청소년, 인신매매를 하는 청소년, 마약을 운반하는 청소년, 쓰레기 동산을 뒤지는 청소년의 그것과 같은 노동이다. 이런 노동을 통해 청소년은 사회의 무시와 모욕을 몸으로 수용하고 자기 멸시를 내면화한다. 파괴될 준비를 일찍 마친 존재가 되는 것이다.

그런 십 대 노동을 '알바 문화'로 치부하며 한때의 가벼운 일탈(용돈벌이)이나 미담(가족생계)으로 넘겨짚는 것이 우리 사회의 자화상이다. 대충 쳐다보고 말 뿐 마주보지 않는 사회에서 노동하는 십 대는 보이지 않는다. 『십 대 밑바닥 노동』은 그들을 제대로 보이게 하려고 8명 청소년의 알바 생활을 단편 다큐멘터리 옴니버스로 보여준다. 대체 누구에게 보이려는 걸까. 집과 학교와 일터와 상점과 거리에서 '미성년자' 청소년의 여러 편린을 잠깐씩 스쳐지나가는 우리 어른들이다.

그러나 '알바 십 대'의 생활 세계를 보여주는 이 책의 효과는 청소년 노동인권의 옹호에 국한되지 않는다. 자녀이고 학생이자 소비자이며 또래의 친구로 살아가는 청소년은 이보다 더한 세목으로 나눠지고 합쳐지며 복합적 정체성의 변동을 겪어가는 존재다. 그 청소년이 '미성년자'이기에 '성년들'의 사회에서 사라지고 지워지는 만큼 '실업과 파괴'를 선택한 사회의 '알바 십 대'는 밑바닥의 밑바닥의 밑바닥 노동과 바깥의 바깥의 바깥의 그림자가 된다.

이 실상이 보여지는 순간은 노동하는 십 대의 열악한 처지가 폭로되는 순간이자 우리 사회의 청소년이 안고 사는 신빈곤과 삶의 파괴가 노출되는 순간이다. '노동은 어디에 있는가?'라는 물음이 '십 대는 어떻게 사는가?'라는 물음과 한 몸이 되는 순간이다. 우리 어른들이 파놓고 뭉개버린 밑바닥의 밑바닥의 밑바닥과 저 멀리 배출하고 잊어버린 바깥의 바깥의 바깥이 바로 십 대 청소년의 자리다. 그 자리는 물론 일자리는 아니다. '여가와 창조'여야 할 그 자리에는 우리 어른들이 선택해놓은 '실업과 파괴'만이 득시글거리고 있다.

그들의 소리를 들어야 한다

그러니까 『십 대 밑바닥 노동』은 자동화 기술의 발달이 갈수록 더 많은 노동의 축소를 초래하고 있는 우리 사회 안에 어떤 극단적인 기로가 놓여 있는지를 보여주는 책이다. 충격의 충격의 충격을 받더라도 보고자 한다면 밑바닥의 그 밑을 보고 바깥의 저 밖을 살피라고 말해주는 책이다. 거기에 있는 '알바 십 대'는 우리 사회 십 대 청소년들의 자화상을 집약한 존재다. 보았다면 바라보고 있는 것에서 나아가게 될 것이다. 우리 어른들을 쉬이 쳐다보지 않을 그들 십 대와 마주보기 위해서 너와 나의 관계라는 자리를 만들게 될 것이다.

하여 책의 에필로그 「청소년 노동의 세계는 왜 이따위인가」는 다음과 같이 묻는 것이다. "어른들이 청소년에게 물려준 사회는 왜 이따위인가"라고. '실업과 파괴'로 점철된 '이따위 사회'가 부모님 세대가 원하는 사회였느냐고. 이런 물음 앞에서 아버지 사진을 보며 "이만하믄 잘 살았지예?"라고 자기 연민의 넋두리를 하고 있을 때가 아니다. "그만하면 잘 살 수 있겠니?"라고 청소년들에게 되묻기 시작해야 한다. 그리고 그 밑바닥에서, 저 바깥에서 어떤 응답이 들려오는지 들어보아야 한다.

"자기가 번 돈"을 "휴대전화 요금 납부, 의류 잡화 구입, 영화 관람, 외식 등에 사용"하는 청소년의 그 돈은 "생계비에 포함되는 '사회적 관계 유지비'"라고 말하는 소리. "원래부터 미성숙하고 무력했다기보다 사회가 그들을 그런 위치에 놓이게끔" 만들어놓은 그 밑바닥과 저 바깥의 자리에서 "부당한 혐의에 끊임없이 시달리고" 있는 '미성년자'의 상황을 바꾸기 위해 "자기의 삶과 역사, 감정 등을 설명할 주체적 언어"를 갖고 싶다고 말하는 소리.

이 소리들에 귀를 막고 있는 한 우리 사회와 이런 사회를 만든 우리 어른들에겐 가망이 없다. 탈가정 및 탈학교와 맞물려 있는 '알바 십 대'의 생활 세계엔 오늘도 어김없이 탈사회와 탈국가의 절망이 꾹꾹 담기고 있다. 이 모욕과 무시 그리고 자기 멸시의 체험은 십 대 청소년 세계 전반에 흐르는 사회적 정서이기도 하다. 그렇게 압축된 심신으로 어느 순간 손가락 한 번 클릭하면 'IS 정당'이라는 출구가 열리게 된다고 말하면 엄포일까.

"청소년의 사회적 지위를 높이고 청소년의 인권을 존중하는 사회적 환경을 조성"하여 국가와 사회와 학교와 가정을 '여가와 창조'의 세계로 바꾸는 일이 무척 중요하다. 하지만 무엇보다 주변에 보이는 청소년 한 명을 제대로 보는 어른이 늘어야 한다. 그의 "생계비"와 "사회적 관계 유지비"를 포함해 내가 지불할 비용과 관계를 감당하는 어른 말이다. 이런 어른 한 명이 늘지 않으면 "주체적 언어"를 갖는 청소년 한 명은 생기지 않는다. 이따위 어른인 나의 변화가 없다면 다 언감생심이다.

김종휘 성북문화재단 대표

3장

불평등의 기원과 풍경

불평등 이전의 세계는 어떠했나

『불평등의 창조』
켄트 플래너리·조이스 마커스 지음, 하윤숙 옮김, 미지북스, 2015

친구를 만나기로 한 주말 오후. 약속 장소에 조금 일찍 도착한 나는 인근의 B서점에 들렀다. 찾아볼 책은 『군주론』. 요즘 인기리에 방영중인 드라마 〈풍문으로 들었소〉에서 몇 주째 등장하고 있는 책이다. 법무법인 '한송'의 대표이자 이 시대 특권층의 대표인 한정호(유준상 분)는 아들, 며느리와 함께 아침마다 이 책을 읽는다. 한정호는 서봄(고아성 분)이 아들 한인상(이준 분)보다 투자 대비 성과가 높을 것이라는 과외선생의 말을 듣고 반신반의하며 그녀를 직접 테스트해보려 하는데 이를 위해 테스트용 텍스트로 채택된 것이 바로 『군주론』이었다. 서봄은 하룻밤 사이 이 책을 읽고 한정호 앞에서 간단한 테스트를 받았고, 그는 만족한다. 급기야 서봄을 한송의 미래 인재이자 아들의 짝으로 인정하기에 이른다. 그는 말했다. "관점에 좀 문제가 있지만 잘했다. 아침마다 내 방에 와서 한 구절씩 읽어라." 물론 갓 스무 살의 어린 남녀가 대중을 우매하다고 못 박는 한정호의 관점을 받아들이기는 쉽지 않다. 인상과 서봄이 요즘 세상에 어디 가서 그런 소리하면 돌 맞는다고 반박하자 한정호는 조용하고도 강한 어조로 답한다. "그러니 조용히 실천해라."

현실 사회는 명목상 '법 앞에 만인이 평등한 사회'이다. 한정호는 그 안에서 조용하고도 강하게 '로열패밀리'를 구축한다. 선대로부터 물려받은 재산과 특권을 대대손손 이어가며 더욱 번성하게 만드는 것이 한정호의 인생 목표다. 그 세계를 공고히 하는 데 있어 그가 견지하고 설파하는 가장 중요한 신념이자 메시지는 이런 것이다. "로열패밀리인 '우리'는 우매한 대중인 '너희'와 다르다." 로열패밀리가 누리는 부와 특권이 불편부당하다고 생각하는 '불손한' 대중을 위해 한정호 패밀리가 주도면밀하게 준비하는 것은 '최고 스펙'이다. 생득적 특권이 아닌, 후천적 노력으로 얻은 높은 학력과 실력을 인정하자는 데 있어서는 대중의 심리적 저항감이 덜하기 마련이니까.

사람들은 납득할 만한 이유로 형성된 질서와 권위 안에서 안정감을 느끼기 마련이라고 마키아벨리[Niccolo Machiavelli]도 말한 바 있다. 마키아벨리는 안정된 지배구조 속에 놓이길 원하는 다수의 대중과 그 위에 군림하고자 하는 군주에게 필요한 심리적 기제를 속삭여준다. 지배당하는 자의 입장에서 보면 돌을 던질 내용일지 몰라도, 지배하고자 하는 자의 입장에서 보면 매우 유용하고 달콤하기까지 하다. 세상을 어떤 시각으로 바라보느냐에 따라 서봄과 한 인상은 군주로 살 수도 있고, 피지배자로 살 수도 있다. 한정호의 수행비서는 한정호의 '사안을 보는 탁월한 관점'에 혀를 내두른다. 자신은 도저히 흉내도 못 낼 경지라면서.

지배자의 관점이란 과연 무엇일까. 지배자임을 내세우지 않으면서 조용하고도 강하게 실천하며 사는 한정호의 삶. 한정호의 세계와 그 밖의 세계를 갈라놓고 그 간격으로 인한 불평등을 당연한 질서로 받아들이게 하는 논리. 그건 과연 무얼까. 다들 남몰래 그 관점을 배우고 싶은 걸까. B서점의 PC 검색창엔 20여 종에 달하는 『군주론』이 몽땅 '재고 없음'으로 뜬다. 하다못해 'Why?' 시리즈의 마키아벨리 편조차 없다. TV에 책이 등장할 때마다 미디어셀러 마케팅이 대단했는데, 이번엔 조용히, 그야말로 소리 없이 강하게 팔리고 있는 듯하다.

마키아벨리는 억울하다

피렌체 공화정이 무너진 이후 공화정의 재수립을 위해 노력했던 마키아벨리. 그러나 뼛속 깊이 공화주의자였던 그의 이상과 노력보다는, 당시 새로운 국면을 맞은 피렌체 군주정에 바친 연설문 『군주론』이 더욱 조명받는 것은 아이러니다. 마키아벨리는 갈가리 분열된 조국 이탈리아가 다른 민족의 군홧발에 짓밟히는 것보다는, 정경유착을 일삼았을지언정 메디치가에서 군주를 옹립하고 그를 통해 점진적으로 공화국으로 나아가는 길이 낫다고 생각했다.

그래서 그 가문의 충신이 되고자 했지만 드라마 속 한정호 같은 인물에게 그런 맥락은 별로 중요하지가 않았다.

기득권을 가진 보수들의 탁월한 능력이 바로 여기서 발휘되는데, 그들은 고전에서조차 자신들에게 유리한 부분만을 선택적으로 채집해 자신들의 논리로 포장한다. 논리적 비약, 억지 주장과 과대 포장 등 온갖 유치한 술수가 다 동원되지만 그들이 지닌 '힘'은 거기에 권위를 실어주고 비윤리성을 가려버린다. 오히려 그들의 가당찮은 주장에 논리적으로 조목조목 반박하는 것이 비윤리적인 것이 되고 만다(드라마 초반에 〈풍문으로 들었소〉와 관련한 뉴스에 달리는 댓글에는 '서봄'이라는 캐릭터 때문에 기분이 나빠서 드라마를 그만 보게 되었다는 이야기가 꽤 있었다. 어린 것이 따박따박 말대답을 하는 게 끔찍하고 무섭다는 것이다).

이미 힘을 가지고 있는 자들의 억지 주장은 '우매한 대중'들에게 의외로 쉽게 받아들여진다. 고아성과 이준의 말처럼 '우매한 대중'이라는 전제 자체가 잘못된 것이라 해도 현실이 그렇다. 힘 있는 자들과 싸워서 고래등 터지고 싶지 않은 '약한 개중'은 그들끼리 모여 술잔을 기울이며 한탄을 할지언정 힘 있는 자들에게 맞서 돌을 던지지는 못한다. 그래봤자 못난 놈들의 못난 짓거리로밖에 여겨지지 않을 테니까. "억울하면 출세하라"는 말은 이 시대 대중들을 꼼짝 못하게 하는 매우 잔인한 선언이며 약자들이 스스로에게 가하는 매질이고, 자살골이다.

마키아벨리는 출세해서 그 억울함을 풀어보려고 했지만, 공화정에 대한 정치적 욕망을 메디치가에 들키지 않는 데는 실패했던 듯하다. 게다가 그의 저술이 오늘날 블랙코미디를 표방한 드라마에서 특권의식의 세습 교과서로 쓰이고 있다는 걸 안다면, 무덤 속의 그는 과연 어떤 기분일까.

불평등에 무력해져갔던 인류의 역사

사람들이 모여서 이룬 사회에는 불평등이 존재할 수밖에 없다. 누군가 그 사회의 시스템을 통해 이득을 보면 누군가는 손해를 입기 마련이고, 지배하는 이가 있다는 것은 억압 받는 사람도 있다는 것이다. 일찍이 이 사회가 바로 불평등의 원인이며 인간성을 회복하기 위해서는 평등한 자연의 상태로 돌아가야 한다고 주장한 사람이 있었는데 바로 장 자크 루소다. 그는 서로를 착취하고 스스로를 기만하는 허구적인 사회적 삶에서 벗어나려면 사회를 떠나 자연으로 돌아가야 한다고 말했다. 불평등이 존재하기 이전의 자연 상태로 돌아가려면 어디까지 돌아가야 하는 것일까. 이 거대한 질문을 현대의 고고인류학자들이 끌어안았다.

『불평등의 창조』는 루소가 고안해낸 사회 불평등의 기원을 고고인류학적으로 촘촘히 추적해낸 결과물이다. 켄트 플래너리Kent Flannery와 조이스 마커스Joyce Marcus는 인류가 어떻게 불평등을 만들어내게 되었는지를 고고학과 인류학의 협업을 통해 생생하게 재구성하려 애썼다. 그들은 불평등의 기원을 수렵채집사회에서 찾았는데 잉여농산물이 생겨나는 농경사회에서 불평등이 시작되었다는 루소의 견해보다 더 과거로 들어간 것이다. 루소는 농경과 축산이 이루어지면서 자기애가 보편화되었다고 추론했지만, 이 책의 저자들은 농경사회가 시작되기 전인 야생의 상태에서도 이미 불평등의 기제가 있었다고 본다. 신과 조상이라는 인간 우위의 존재를 상정하고, 그들과 더욱 가깝다는 것으로 불평등의 논리를 만들어냈다는 것이다. 인간 우위의 존재 아래서 인간들은 서로에게 이타심을 발휘하며 집단을 강화할 수 있었고, 또한 지위 질서를 평화롭게 구축할 수 있었다. 그런데 여기서 우월적 지위를 획득한 이가 그 지위를 세습하려 하면서 불평등이 심화되기 시작한다.

아메리카 원주민의 전통적인 공동체에서는 공동체 정신을 유지하면서 유능함을 인정받고자 하는 개인의 야망을 품어 안는 지혜로운 방식으로 아주 오랜 시기 동안 안정을 누렸지만 세습귀족을 형성하려는 시도는 사회의 동요를 빚어내곤 했다. 유난히 공격적인 지도자가 연이어 등장한 부족에서는 사회의 규모가 급격히 커져 군주제 사회의 토대를 만들어냈다. 부족 간의 경쟁과 전략적인 혼인 동맹으로 왕국이 연쇄적으로 형성되었고, 그 과정에서 만들어진 국가에서 사람들은 사회 계약을 맺고 영원히 불평등을 받아들이기로 합의하는 단계에 이른다. 우리의 맨 처음 조상은 모두 평등하게 태어났지만 무리를 이루어 살기 시작하면서 자신의 권리 일부를 남에게 넘겨주는 사람이 생겨나고, 특권을 누린 이들이 영토를 확장하고 지배력을 강화하며 세습의 욕망을 드러내면서 더욱 정교한 불평등의 논리가 만들어졌다는 것이다. 생산과 교환을 통한 사회적 관계가 그것을 견인했다.

사회규모가 커지고 경제구조가 복잡해질수록 소수의 지배는 더욱 견고해진다. 오늘날의 거대하고 복잡한 사회 속에서 한 인간이 스스로를 책임지는 1인분의 경제규모를 꾸리기까지 걸리는 시간과 노력을 생각해보라. 수십 년의 양육과 교육기간을 거치고 수많은 시행착오를 겪어야만 한다. 그 과정에서 인간은 지배층의 힘과 논리 속에 서서히 무력화되어 기울어진 운동장에 적응하게 된다. 문명이 고도화될수록 인간의 생활은 타인에 대한 의존도가 높아져서 자신이 발 딛고 서 있는 운동장이 기울어진 것을 깨달았다고 해도 그것을 바로잡을 엄두를 내지 못한다. 이미 기울어진 운동장에서 사는 데 익숙해진 데다, 그 위에 집을 지었기 때문이다.

영리한 지배층은 대중을 어디까지 억압해야 하는지, 어떻게 분열시킬 수 있는지를 잘 알고 있다. 오늘날의 대중은 손에 쥔 한 줌의 재산과 권리를 포기하고 땅부터 평평하게 다지자고 나설 용기를 내기 어렵게 됐다. 저마다의 사정이 다 다르기 때문이다. 루소의 직계후손인 18세기 프랑스의 민중들이 땅을 뒤집어엎자고 나설 수 있었던 것은 그 기울기가 너무 극심했고 극소수의 세습 특권층 때문에 다 같이 고통받고 있었기 때문이다. 프랑스가 유난히 불평등에 세심한 감수성을 지닌 사회라는 인상은 이러한 역사적 경험이 만들어낸 아우라이기도 하다.

지금 우리가 발 딛고 있는 사회의 불평등은 극도로 기울어진 운동장이 아니다. 그것은 마치 촘촘해 보이는 계단으로 이루어져 있다. 엘리베이터를 타고 단번에 올라갈 수도 있지만 그 문이 누구에게 언제 열릴지 모르는 일이며, 올라가고 싶은 욕망을 가진 사람은 키를 가진 자의 힘을 빌리지 않으면 안 된다. 그 문이 언젠가 나에게 열릴지도 모른다는 실낱같은 기대 때문에 사람들은 불평등의 질서를 수호하는 가난한 문지기가 된다.

희망은 있다

루소의 시대에 도달하지 못했던 지식들을 총망라하여 불평등의 기원과 그 논리적 발전을 집요하게 추적하는 이 책은 불평등의 창조 과정을 거슬러 올라가서 사회를 평등한 상태로 회복할 수 있을지도 모른다는 희망을 내비치고 있다. 서로 화살을 바꾸어 사용함으로써 사냥의 결과물에 대해 누군가 우위를 가지지 않을 수 있게 했던 쿵족의 지혜를 언급하고 부족마다 각기 다른 신을 섬기고 있다는 것을 인정하는 농경시대의 상호 존중의 질서를 강조한다.

저자들은 또한 우리와 다른 사회가 얼마든지 존재한다는 것을 인정하고 그들을 우리처럼 만들려고 무리하지 않는 것이 멸종돼가는 동식물을 보존하는 것만큼이나 중요하다고 말한다. 불평등에 저항할 수 있는 기회를 놓쳐버린 조상들을 탓하고, 덕과 용맹, 사업적 역량을 가진 자의 특별한 지위를 인정하는 것은 괜찮지만 그것을 세습하려는 욕망은 막았어야 한다고 아쉬워한다.

소수의 특권을 거둬들이기 위해 다수가 좀 더 노력해야 한다고 말하면서 벼락부자가 된 스포츠 스타와 연예인을 예로 든 것은 이 탁월한 고고인류학자들이 내놓는 대안적 결론이라기엔 너무도 가벼워서 놀랍기까지 하다. 어쩌면 농담이 아닐까 싶다. 이 복잡한 세상에 태어나 사회를 구성하고 유지하는 논리를 배우기도 전에 하층 계급으로 떨어지지 않기 위해 안간힘을 써야 하는 것이 다수 대중의 현실이지만 이 말만은 마음에 새겨야 할 것이다. 우리 사회가 "부에 의한 귀족"을 허용했다면 그것은 다른 누구도 아닌 우리의 잘못이라고. 두 고고학자가 내린 결론이다.

우리는 불평등이 내재된 채 심화되어가는 이 사회의 시계를 거꾸로 돌려 수렵채집사회로 복귀할 수는 없을지 몰라도 기득권자들이 끊임없이 불평등을 재창조하고 독점하려는 시도를 감시하고 무력화할 수는 있다. 불평등을 인간사회를 유지하기 위한 필요악으로 체념하듯 받아들이지 않고, 특정인에게 허용된 물질적 행운과 사회적 명예가 공동체를 위해 고루 나누어질 수 있도록 유도할 방안을 모색해나갈 수도 있을 것이다. 개인의 노력과 탁월함이 특권적 지위로 연결될 수 있는 것은 그것을 가능하게 하는 사회 시스템이 있기 때문이다. 그 시스템이 불평등을 조장하지 않도록 우리의 정치의식은 좀 더 높아지고 평등에 대한 감수성은 좀 더 섬세해질 필요가 있다.

이하영 북칼럼니스트

불평등의 대가는 왜 '관념 전쟁'을 말했는가

『불평등의 대가』
조지프 스티글리츠 지음, 이순희 옮김, 열린책들, 2013

대한민국 국민이 시장과 불평등 사이에 연결고리를 찾기란 쉬운 일이 아니다. 시장을 '유일신'으로 섬기는 사람들이 정치, 경제, 사회와 언론 곳곳에 의사 결정권자로 포진해 있기 때문이다. 그들은 시장경제를 대한민국 국가 정체성의 '바이블'로 삼아왔다.

사회복지나 조세정의를 제안하는 정치세력이 등장할라치면 '반시장주의'라거나 '운동권적 사고' 따위의 비난이 신문과 방송을 통해 화살처럼 쏟아졌다. 더구나 시장 유일신의 논리는 신문에 기고하고 방송에 출연하는 대학교수들의 주장으로 '권위'의 옷을 입어왔다. 그들은 경제를 전문가의 영역으로 특화하며 정치 논리가 개입돼서는 안 된다고 주장해왔다. 시장 유일신의 논리는 다시 신문과 방송을 타고 확산되면서 어느덧 이 나라 대다수 국민에게 의심의 여지가 전혀 없는 '진리'로 받아들여졌다.

시장 유일신을 섬기는 '사제'들, 대한민국 주류경제학자들에게 미국의 경제학자 조지프 스티글리츠는 불편한 사람이다. 스티글리츠는 좌파 경제학자가 전혀 아니기에 그를 '종북좌파'로 몰아세울 수도 없다. 더구나 세계은행 수석부총재를 역임했고 노벨경제학상까지 받았다. 스티글리츠는 역작 『불평등의 대가』에서 다음과 같이 명토박는다. "시장은 진공 상태에 놓여 있는 것이 아니다. 시장은 정치의 영향을 받는다. 그런데 정치는 대개 상위 계층에게 혜택을 주는 방향으로 시장에 영향을 미친다."

여기서 그치지 않는다. 더 간명하게 줄여서 시장은 "불평등을 생산하는 기계 장치"라고 단언한다. 흔히 시장 유일신 사제들이 시장을 옹호하며 전가의 보도처럼 '효율성'을 내세우지만 스티글리츠는 그 논리가 얼마나 케케묵은 이데올로기에 지나지 않는가를 파헤친다. 이를테면 기업들은 경제가 어려워지면 효율성을 내세워 인력을 마구 감축하고, 인력 감축을 통해 생산성을 높였노라고 자랑스럽게 내세운다. 하지만 그로 인해 일자리를 잃은 노동자들이 늘어나면 결국 기업들이 생산하는 제품을 소비하는 소비자가 줄어들고 기업은 다시 경영이 어려워지게 마련이며, 인력을 또 줄이는 정책을 펼치면서 실업률이 높아지는 악순환을 이룬다.

불평등은 정치 실패의 결과다

스티글리츠의 장점은 경제학자답게 통계를 '증거'로 탄탄하게 논리를 전개하는 데 있다. 30여 년 전, 그러니까 1980년대가 열릴 때 미국의 상위 1퍼센트는 국민소득의 12퍼센트를 차지했다. 그 또한 불평등이 분명하다. 하지만 2010년대에 접어들면서 그 비율은 두 배로 껑충 뛰어 25퍼센트로 늘어났다. 30년 동안 하위 90퍼센트의 임금은 15퍼센트 늘어났지만, 상위 1퍼센트는 150퍼센트 늘었고, 상위 0.1퍼센트는 300퍼센트 증가했다.

이는 미국이 레이건 정권 이후 줄곧 신자유주의 정책을 편 결과다. 따라서 불평등은 우연히 나타난 현상이 아니라 만들어진 것이다. 스티글리츠는 에둘러 표현하지 않는다. 불평등은 "정치 시스템 실패의 원인이자 결과"라고 단언한다. 지금 이 순간 존재하는 불평등은 정부의 정책, 곧 정부가 한 일과 정부가 하지 않은 일의 결과다. 가령 무엇이 공정한 경쟁이고 무엇이 불법적 행위인지를 정부가 결정한다는 사실, 정부가 조세제도와 사회복지 지출을 통해 소득을 재분배할 수 있다는 사실, 기업을 통제하는 법률로 경영진의 규범과 수익 분배방식을 결정할 수 있다는 사실, 거시경제 정책으로 실업 수준과 노동자들에게 분배될 몫을 결정하는 데 영향을 끼칠 수 있다는 사실들을 부각하며 모든 문제의 핵심에 정치가 있다고 역설한다.

하지만 스티글리츠의 저서가 국내에 번역·소개되고 제법 읽혀지고 있는 지금 이 순간에도 한국사회에는 시장의 '보이지 않는 손'을 맹신하거나 경제에 정치 논리가 개입해서는 안 된다는 '괴담'들이 '진리의 옷'을 입고 있다. 왜 그럴까. 스티글리츠가 미국의 상위 계층이 공공부문 지출의 증대에 부정적인 반응을 보이는 이유로 든 두 가지는 시사적이다.

첫째, 부유층은 정부의 도움이 없어도 스스로 건강, 교육을 비롯한 필요한 영역에서 최고의 서비스를 받을 수 있다. 한마디로 말하면 시장을 그대로 두어도 아쉬울 게 없다.

둘째, 민중에게 공공 서비스를 비롯한 복지정책을 추진하면 부유층의 소득에 높은 세율을 적용해 소득 재분배 정책을 실시할 수밖에 없어 결국 자기 소득이 줄어들 뿐만 아니라, 현재 누리고 있는 부의 일부를 빼앗길 수 있다는 불안감 때문이다.

스티글리츠는 그 결과 미국이 더는 '기회의 땅'이 아니라고 비판한다. 가진 것 하나 없는 사람도 성실하게 노력하면 성공하고 부자가 될 수 있다는, 이른바 '아메리칸 드림'은 더 이상 가능하지 않다. "1퍼센트의, 1퍼센트를 위한, 1퍼센트에 의한" 나라가 되었을 뿐이다.

문제는 이것이 미국 상위 계층만의 이야기가 아니라는 것이다. 2008년 세계 금융위기 이후에도 시장을 유일신으로 모시는 한국의 윤똑똑이들은 한술 더 뜬다. 기득권을 이용하여 국민 대다수인 민중의 신념과 정책에 영향을 끼침으로써 "말살에 쇠살"인 괴담 수준의 이야기('경제에 정치 논리가 개입해서는 안 된다'에서 '규제는 암덩어리'라는 부르대기까지)가 '과학적 진리'로 둔갑해 있지 않은가.

스티글리츠의 또 다른 장점은 비판에만 그치지 않는다는 데 있다. 그는 자본주의 체제에서 개혁의 가능성을 믿으며 대안을 제시한다. 그에 따르면 미국은 "형평성이 훼손되어 있기는 하나 민주주의를 근간으로 하는 국가"이다. 그는 민주주의 국가가 평등성을 강화하는 방향으로 시장의 힘을 재조정하는 경로를 두 가지로 제시한다.

첫째, 하위 99퍼센트가 자신들이 상위 1퍼센트의 농간에 놀아나고 있으며 상위 1퍼센트에게 이로운 것은 자신들에게 이로운 것이 아님을 깨달아가는 길이다. 물론 상위 1퍼센트가 가만히 손놓고 있지는 않을 것이다. 그들은 99퍼센트에게 또 다른 세계를 만드는 일은 불가능하며, 상위 1퍼센트가 원치 않는 일을 하면 99퍼센트가 반드시 피해를 본다는 논리를 퍼트리기 위해 부지런을 떨 것이다. 스티글리츠는 책의 대부분을 그 '신화'를 깨는 데, 우리가 더 역동적이고 효율적인 경제와 더 공정한 사회를 가질 수 있음을 논증하는 데 할애했다고 밝히고 있다.

둘째, 상위 1퍼센트가 미국에서 진행되어온 일들은 미국인의 가치에 부합하지 않을 뿐 아니라 자신들의 이익에도 부합하지 않는다는 사실을 깨닫는 길이다. 스티글리츠 논지의 한계, 또는 순진함마저 묻어나는 대목이다.

어쨌든 스티글리츠는 불평등의 문제를 경제적 분석에 그치지 않고 민주주의와 삶의 가치로 확장한 『불평등의 대가代價』를 저술함으로써 '불평등의 대가大家'로 위상을 굳혔다.

경쟁이 죽어버린 관념 시장

국내에선 주목하지 않았지만 흥미롭게도 그 불평등의 대가는 언론 문제를 정면으로 제기하고 있다. 이 책에서 스티클리츠는 "어떤 경제학자도 경쟁이 살아 있는 상품 시장과 서비스 시장이 중요하다는 데 의문을 품지 않는다"며 자신의 이념적 성향을 분명히 한 뒤 "하지만 미국 사회와 미국 정치에서 더욱 중요한 것은 바로 경쟁이 살아 있는 관념 시장"이라고 강조한다. '관념 시장'이야말로 경쟁이 살아 있어야 하는데 애석하게도 왜곡되어 있으며 그것이 일반적인 인식이 되었다고 개탄한다.

스티글리츠는 수많은 신문과 텔레비전 방송국이 다양한 의견을 반영하고 있지만 미국 언론계에는 참된 의미의 경쟁이 자리 잡을 가능성이 없다고 날카롭게 진단한다. 미국 언론이 상위 1퍼센트에 의해 지배되고 있기 때문이다. 그는 상위 1퍼센트가 손해를 보더라도 언론을 지배하려는 까닭을 명쾌한 경제 논리로 설명한다. 상위 1퍼센트는 그것을 "경제적 지위를 (계속) 유지하기 위한 일종의 투자"로 여긴다. 은행들이 정치인에게 투자를 고수하는 것과 마찬가지로, 언론에 대한 투자는 일반적인 투자보다 훨씬 높은 '불로소득'을 개인에게 돌려준다. 이처럼 스티글리츠는 정치 과정에 끼치는 영향력을 '투자 목적'으로 적시하는 것도 잊지 않는다. 따라서 문제를 해결하기 위해서는 광고시장을 제어하는 데 그쳐선 안 된다. 독점금지법의 감시를 강화함으로써 "신문, 텔레비전, 라디오를 지배하려는 언론 기업들의 시도를 철저히 차단해야 한다".

물론, 언론 기업 통제는 경제적 투자의 문제만은 아니다. "언론이 편파적으로 정보를 제공하면, 유권자는 균형 잡힌 정보를 얻을 수 없"기 때문이다. 충분한 정보를 지닌 공중의 존재는 민주주의의 정상적 작동에 긴요한 요소이기에 "적극적이고 다양한 언론이 보장되어야 한다". 스티글리츠는 여러 국가들이 이런 다양성을 보장하기 위해 노력하고 있고 어느 정도 성과를 거두고 있다고 평가한다. 실제로 이미 북유럽 복지국가들은 여론 다양성의 보장을 위해 신문에 공적 지원을 아끼지 않는다. 그가 언급하진 않았지만 "다양성을 보장하기 위해 노력하는 여러 국가" 가운데 한국의 사례도 되짚어볼 필요가 있다. 언론개혁 입법운동이 거세게 일기는 했지만, 결과는 참담하기에 더욱 그렇다. 오히려 신문시장을 독과점한 신문사들이 각각 종합편성채널까지 확보하기에 이르렀다.

스티글리츠는 미국의 상위 계층이 자신들에게 이로운 일이 나머지 99퍼센트에게도 이로운 일이라는 확신을 심어주기 위해 언론 기업에 '투자'하고 있다고 분석했다. 상위 1퍼센트의 이익과 99퍼센트의 이익은 명백히 다르기에 상위 계층은 자신들에게 유리한 관념을 대중에게 심기 위한 '관념 전쟁'에 몰두한다는 것이다.

한국사회는 스티글리츠의 분석이 사치스러울 만큼 시장 유일신의 '천국'이다. 신문과 방송은 스티글리츠를 소개하면서도 그가 불평등과 관련하여 언론을 비중 있게 비판한 대목은 슬그머니 배제한다. 기실 바로 그것이 한국사회에서 불평등이 무장 심화되는 결정적 이유다. 불평등 해소에 나서고자 하는 사람, 또는 마땅히 나서야 할 사람들이 '관념 전쟁'의 중요성을 절실하게 인식해야 할 까닭도 여기에 있다. 불평등을 둘러싼 관념 전쟁은 지금 이 순간에도 진행 중이다.

손석춘 건국대 미디어커뮤니케이션학과 교수

세계에 대한 책임을 짊어질 때

『왜 우리는 불평등을 감수하는가?』
지그문트 바우만 지음, 안규남 옮김, 동녘, 2013

"생존과 만족스러운 삶에 필요한 물건들이 갈수록 희소해지고 손에 넣기 어려워지면서 생활이 넉넉한 사람들과 버림받은 빈자들 간의 살벌한 경쟁의 대상, 아니 전쟁의 대상이 되고 있기 때문에 현재 심화되고 있는 불평등의 일차적 피해자는 민주주의가 될 것이다."

지그문트 바우만Zygmunt Bauman이 『왜 우리는 불평등을 감수하는가?』에 적시한 이 문장은 더하지도, 덜하지도 않고 오늘 한국사회를 규정하는 촌철살인이다. 빈익빈 부익부라는 말로는 더 이상 설명할 수 없는 한국사회의 극심한 양극화는 곧장 민주주의의 퇴보를 가져왔다. 소수를 제외하고 내남없이 먹고살기 힘든 세상이 되면서 민주주의는 강 건너 불구경처럼 장삼이사의 관심에서 멀어져갔다. 더 이상 완화할 것도 없는 규제들을 마구 풀어주는 사이, 재벌들은 이득을 챙겼고 뒷감당은 힘없는 국민의 몫이 되었다. 세월호 참사를 비롯 전국에서 동시다발적으로 벌어지고 있는 사건 사고가 그 여실한 반증이라고 할 수 있다.

사회적 불평등은 거의 모든 사람에게 나쁘다

『왜 우리는 불평등을 감수하는가?』는 분량은 적은 책이지만, 함량 만큼은 충실하다. 현대사회의 고질적인 문제인 '불평등'에 대한 명쾌한 진단과 해법이 제법 단단하게 구성되어 있다. 바우만의 문제 제기는 단순하다. "전 세계가 필사적으로 경제성장 근본주의를 밀고 나가고 있는데도, 빈곤은 좀처럼 사라지지 않고 지속된다"는 것이다.

생각이 있는 사람들이라면 "잠시 멈춰 서서 부의 재분배로 인한 부수적 피해자들 못지않게 직접적인 피해자들에 대해서도 생각" 해야 하건만, 세상 사람 어느 누구도 총대를 메려 하지 않는다. 문제는 오늘날의 불평등이 "자체의 논리와 추진력에 의해 계속 심화"되고 있다는 점이다. "더군다나 부자들은 단지 부자이기 때문에 점점 더 부유해진다. 빈자들은 단지 가난하기 때문에 점점 더 가난해진다. (중략) 오늘날 사회적 불평등은 역사상 최초로 영구기관이 되어 가고 있는 것 같다."

바우만의 지적처럼 불평등이 "역사상 최초로 영구기관"이 된다면, 사실상 한국사회는 희망이 없다. 앞서 지적한 것처럼 민주주의가 다시 설 자리가 없기 때문이다. 20세기의 가장 급진적인 사상가 중 한 명인 이반 일리치Ivan Illich는 『누가 나를 쓸모없게 만드는가』(느린걸음, 2014)에서 과도한 시장 의존이 만들어낸 현재 상황을 "가난한 부"라고 명명했다. 일리치는 가난한 부가 "함께 나눌 수 없을 만큼 희소한 부"이기 때문에 "한 사회의 가장 힘없는 사람에게서 자유와 해방을 빼앗"을 것이라고 일갈한다. 힘없는 사람에게서 자유와 해방을 빼앗는 일. 이것이야말로 민주주의의 퇴보가 아니고 무엇이겠는가. 바우만과 일리치는 입을 모아 경고한다. 불평등은 민주주의의 퇴보를 가져온다고.

이야기를 경제 문제로만 집중해보자. 성장주의 경제학이 주장한 것처럼 성장 일변도의 경제정책은 경제발전을 가져왔는가. 한국의 상황만 두고 말하는 것이 아니다. 전 세계 어디에서도 성장을 추구한 경제정책은 성공하지 못했다. 모래바람만 날리던 사막에 마천루가 올라가고, 전 세계 오지에 관광지가 들어섰지만 현지인들의 삶은 나아지지 않았다. 오히려 빈부격차가 더 심해졌을 뿐이다. 고요했던, 나름의 방식으로 삶의 영위했던 동남아시아 오지 사람들이 구걸에 의지해 삶을 영위하고 있는 현실을 보라. 바우만은 『우리를 위한 경제학은 없다』(비즈니스북스, 2012)의 저자 스튜어트 랜슬리Stewart Lansley의 말을 빌려 "사회적 불평등의 냉혹한 현실은 사회 내의 모든 사람에게, 혹은 거의 모든 사람에게 나쁘다"고 강조한다.

불평등, 인류의 처음이자 마지막 문제

알다시피 지그문트 바우만의 주저主著는 『현대성과 홀로코스트』(새 물결, 2013)로, 그는 홀로코스트가 현대사회에 던진 함의를 밝히기 위해 평생을 천착했다. 그는 인간의 이성과 합리성이 최고조에 달한 20세기에 홀로코스트라는 사상 유례없는 폭력이 자행된 것에 주목하면서 아우슈비츠가 "우리 사유의 원점이 되어야 한다"고 강조한다.

바우만이 보기에 오늘의 세계는 아우슈비츠 수감자들의 삶과 죽음을 지배했던 당시의 규칙들에서 크게 벗어나지 못하고 있다. 바우만이 『왜 우리는 불평등을 감수하는가?』, 『부수적 피해』(민음사, 2013), 『고독을 잃어버린 시간』(동녘, 2012), 『이것은 일기가 아니다』(자음과모음, 2013) 등 여러 저서에서 불평등에 천착하는 이유도 바로 이 때문이다. 아우슈비츠 수감자들의 삶과 죽음을 지배했던 규칙들은 이제 '불평등'이라는 이름으로 우리 삶을 지배하고 있다. 다음은 『이것은 일기가 아니다』의 2010년 12월 25일자 일기 「불평등의 새로운 모습에 관해」 중 한 대목이다. "이곳은 더 이상 기회의 땅이 아니라 수완 좋은 사람들을 위한 땅이라는 것. (중략) 수완 있는 사람들의 땅이 줄 것이라고는 오로지 더 많은 불평등뿐이다."

'수완 있는 사람들'이라고 점잖게 표현했지만, 그들은 실상 현대 사회 최상위 포식자일 뿐이다. 그들은 불평등한 세상이라야 얻을 것이 많다. 수완 있는 사람들은 권력과의 결탁 정도가 아니라 권력을 수하에 둘 정도로 충만한 능력을 가지고 있다. 바우만은 『왜 우리는 불평등을 감수하는가?』에서 수완 있는 사람들의 세상을 피라미드에 비유한다. "사회적 피라미드의 나머지 모든 부분은 거침없이 확대되고 있는데 (중략) 피라미드의 최상층부만은 해마다 더 좁아지고 있다는 사실을 기억해야 한다."

문제는 피라미드의 최상층부를 독식한 수완 있는 사람들은 불평등이 만들어낸 빈곤을 한사코 범죄와 연관시키려고 한다는 점이다. 단지 가난하다는 이유만으로 빈곤층을 예비 범죄자로 인식하는 경향이 세계 곳곳에서 나타나고 있다. 바우만은 『부수적 피해』에서 "사회 불평등의 가장 극단적이고 골치 아픈 앙금인 빈곤을 법과 질서의 문제로서 재분류"하는 현대사회에 대해 우려한다. 이어지는 글은 다음과 같다. "대개 청소년 비행과 범죄를 다루는 데 활용되는 수단으로 채택하려는 한층 뚜렷한 경향이다. 빈곤과 만성 실업 또는 '일자리 없는 노동'은 평균 이상의 청소년 비행과 관련이 있다."

바우만은 "이윤 추구 중심의 조율되지 않고 통제되지 않은 지구화"가 "부수적 피해자"를 낳는다고 진단한다. 부수적 피해자들은 "불평등이라는 사다리의 밑바닥에 자리를 잡는 것"도 모자라 "중요성도 없고 가치도 없다는 이중의 낙인이 영원히 찍힌" 채 사회적 냉대를 온몸으로 받아낸다. 바우만은 불평등이 낳은 이 같은 편견을 "현 세기에 인류가 직면하여 처리, 해결해야 할지도 모르는 많은 문제 중 잠재적으로 가장 위험성이 큰 문제"라고 일갈한다.

불평등은 단지 경제적 난제가 아니다. 불평등의 일차적인 피해자인 민주주의의 퇴행만으로 그치지도 않는다. 바우만에 따르면 불평등은 인간의 삶에 총체적으로 작용하는, 인류의 처음 문제이자 마지막 문제인 것이다.

신뢰와 연대, 호의적 협력을 회복해야

그렇다면 불평등을 극복하는 방법은 무엇일까.『왜 우리는 불평등을 감수하는가?』에서 지적한 것처럼 "'자연스러움'이라는 가면을 쓰지 않고도 스스로 영속화하는 방법들을 찾아내고 있는" 사회적 불평등을, "패배한 것이 아니라 오히려 승리한 것처럼" 보이는 사회적 불평등을 극복할 길은 요원한 것인가. 바우만은 불평등을 만들어낸 원흉인 탐욕을 이해하는 것에서 시작해야 한다고 말한다. 바우만이 보기에 탐욕은 하등 쓸모가 없다. 탐욕에 대한 그의 일갈은 거침없다. "탐욕에는 유익한 점이라고는 단 하나도 없다. 탐욕은 누구에게도 유익하지 않으며, 누구의 탐욕이건 유익하지 않다."

  성장주의 경제학의 바탕은 탐욕이다. 이 책에서 바우만은 "자유시장 경제학을 정당화하는 기본적인 도덕적 주장 가운데 하나, 즉 개인의 이윤추구가 동시에 공익을 위한 최선의 메커니즘을 제공한다는 주장은 의혹에 싸였고 사실상 거짓으로 밝혀졌다"고 말한다. 탐욕으로 똘똘 뭉친 성장주의 경제학은 모든 개인의 삶을 향상시킬 의무가 없고, 더더욱 공익을 위한 최선의 메커니즘을 만들 필요도 없다. 경제성장이 가져오는 낙수효과가 있지 않느냐고 항변할지도 모르지만, 오늘 우리 현실을 들여다보라. 재벌기업의 성장이 중소기업을 함께 성장시켰는가. 혹은 구성원들의 삶을 윤택하게 했는가. 재벌의 성장은 오로지 재벌만을 위한 것이다.

한 가지 짚고 넘어가자. 대한민국에서 5년마다 한 번씩 대통령을 선출할 때, 국민 선택의 기준은 오로지 '경제'다. 연평균 7퍼센트 성장, 10년 뒤 1인당 소득 4만 달러, 세계 7대 강국 진입 등 제대로 생각을 가진 사람이라면 도저히 신뢰할 수 없는, 말 그대로 공약空約을 남발했는데도 8년 전 이명박 후보는 선택받았다. 도저히 실현 가능성이 없음에도 경제민주화라는 현란한 수식어를 앞세운 박근혜 후보 역시 대통령이 되었다. 하지만 지난 몇 년의 시간은 '그들만을 위한 리그'였고, 재벌의 세상을 활짝 열어준 세월이었다.

불평등이라는 "함정에 빠져 버린 세계"를 구하기 위한 방법은 단순하다. 신뢰를 회복해야 한다. 오늘 우리 시대를 진단한 바우만의 주장에 진정한 해법이 담겨 있다. "함정에 빠져 버린 세계는 신뢰와 연대, 호의적 협력에 대체로 우호적이지 않다. 그러한 세계는 상호 의존과 충성, 상호부조, 사심 없는 협력, 우정 등을 평가절하고 폄하하며, 그렇기 때문에 갈수록 차갑고 낯설고 매력 없는 곳이 된다. 우리는 마치 어떤 사람의(누구의?) 사유지를 방문한 환영받지 못하는 손님과도 같다."

신뢰와 연대, 호의적 협력을 회복한다면 불평등은 서서히 사라질 것이다. 지나친 낙관이라고? 그렇지 않다. 신뢰와 연대, 호의적 협력을 가능케 하는 한 개인의 자각이 세상을 구원할 것이기 때문이다. 바우만은 그 한 개인의 탄생을 기다리고 있다. "세계에 대한 책임을 자신에게 돌리는 것은 두말할 나위 없이 비합리적인 행위이다. 하지만 결정에 대한 책임과 그 결과에 대한 책임을 모두 감

수하면서까지 세계에 대한 책임을 받아들이기로 결정하는 것이야
말로 세계의 논리가 초래하는 맹목으로부터, 타자와 자신을 죽음
으로 몰아넣는 결과로부터 세계의 논리를 구원할 마지막 기회다."

"우리는 파국을 맞이해야만 파국이 왔다는 것을 인식하고 받아
들이게 될 것 같다"는 바우만의 탄식이 현실이 되지 않도록, 우리
모두가 신뢰와 연대, 호의적 협력을 가능케 하는 '책임'을 짊어질
때다.

장동석 출판평론가, 〈기획회의〉 편집주간

장래희망이 '생존'인 세대

『절망의 나라의 행복한 젊은이들』
후루이치 노리토시 지음, 이언숙 옮김, 오찬호 해제, 민음사, 2014

기성세대의 젊은이들에 대한 불평은 알려진 대로 그 역사가 꽤 오래되었다. 기원전 2000년 수메르인들이 점토판에 남긴 글에는 공부를 하지 않고 놀기만 하는 젊은이에 대한 불평과 비난이 기록돼 있다. 젊은이들이 기성세대보다 능력이 못하며 타고난 게으름 때문에 한심스런 일들만 반복하고 있다는 식의 주장은 인류 역사에서 다양한 방식으로 끝없이 반복 표현돼왔다.

보통 이런 주장은 젊은이들의 삶의 태도를 겨냥해 나오는 것이 일반적이지만 사회적 차원에서 하나의 담론으로써 제기될 때에는 그 당시의 상황을 반영한 기성세대의 '도구'가 되는 경우가 많다. 젊은이들에게 국가와 사회를 유지하고 구원할 역사적 의무를 지우려 하거나, 새로운 소비의 필요를 떠안을 주체로서 이들을 호명하는 경우가 대표적이다. 특히 근래에는 '젊은 세대'라는 호칭이 정치적 맥락에서 담론의 전면에 등장하는 예가 종종 있었다.

대표적인 예는 2007년 대통령선거 국면에서 등장했던 '88만원 세대' 담론이다. 동명의 책을 통해 인기를 얻게 된 이 호칭은 당시 여당 후보였던 정동영이 들고 나와 화제가 됐다. '88만원 세대'라는 표현은 저임금에 시달리면서도 사실상 미래가 없는 삶을 살아야 하는 젊은이들의 처지를 효과적으로 상징하기 위해 고안된 것이다. 중도적 포지션에서 보수 진영의 후보였던 이명박 전 대통령과 상대해야 했던 정동영 후보로서는 유권자들에게 어필하기 위한 어떤 대안적 코드로 제시하기에 부족함이 없는 슬로건이었던 셈이다.

이렇게 화제가 된 책의 결론은 젊은 세대가 이대로 기성 질서에 순응해서는 안 되고 '짱돌을 들고 바리케이트를 쳐야 한다'는 것이었는데, 정치권에서 이 담론은 다분히 편의적으로 소비됐다. 1980년대에 짱돌을 좀 던진 경력이 있는 소위 386세대가 자신들은 이렇게 치열하게 싸웠는데 왜 요즘 젊은이들은 싸우지 않느냐는 식의 꾸짖음으로 국가적 파탄의 책임을 전가하려는 시도를 한 것이다. 하루하루 먹고살기 바쁜 장삼이사의 세계에서는 그런 논쟁이 벌어지든 말든 아무 관계가 없는 일이었겠지만 담론을 다루고 글을 팔아 먹고사는 일부 지식인들끼리는 이 문제를 두고 심각한 논쟁을 벌이기도 했다.

무한경쟁의 시대, 잡캐는 어떻게 살아남아야 하나

이런 상황은 일본에서도 비슷하게 벌어졌던 것 같다. 『절망의 나라의 행복한 젊은이들』은 일본사회에서 역시 반복된 '젊은이'에 대한 사회적 논란을 진중하게 분석하고 있다. 저자에 따르면 일본의 담론 세계에서 '젊은이'나 '청년'이 긍정적으로 호명되는 경우는 젊은 세대가 전쟁의 최전선에 나서야 했거나 이들에 의해 소비가 진작돼야만 하는 시기였다. 부정적으로 호명된 경우는 기성세대가 자신들이 벌인 사회적 파탄의 책임을 돌리려 할 때가 대부분이다.

그런데 기성세대가 젊은이들이 복종이나 순응을 몰라 문제라거나 또는 지나치게 체제에 길들여져서 문제라는 식으로 규정하는 것과 달리, 일본의 젊은이들은 자신만의 공간에 머무는 동시에 그들 특유의 방식대로 사회와 관계를 맺고 싶어 하는 성향을 가지고 있다. 이것은 젊은이들이 국가 간의 스포츠 경기에 열광하는 사례나 후쿠시마 원전사고 이후 적극적으로 이에 대한 수습책을 모색한 것에서 드러난다. 결국 이 젊은이들에게 없는 것은 어떤 '정신'이나 '태도'가 아니라, 기성사회와의 '연결고리'다. 그리고 이 연결고리의 부재는 일본사회가 고도성장을 위해 민주주의적 사회의 기틀을 갖추는 일을 한 켠으로 미뤄놓았기 때문에 발생한 것이다. 앞으로도 이러한 상황이 개선될 희망이 보이지 않기 때문에 젊은 세대는 현재에 만족하며 행복감을 느끼며 살 뿐이다.

이러한 분석은 일본뿐 아니라 한국의 상황에도 어느 정도 적용할 수 있을 것 같다. 과거에는 '장래희망'을 묻는 질문에 많은 아이들이 대통령, 국회의원, 판사, 변호사, 경찰, 과학자, 소설가, 음악가 등의 구체적인 직업을 답으로 내놓았다. 당시 대부분의 어린이들은 자라서 바라는 직업을 실제로 갖게 될 것이라는 데에 추호의 의심이 없었는데, 그 이유는 그런 직업을 갖기 위해 거쳐야 할 수많은 난관들을 굳이 떠올리지 않아도 됐기 때문이다.

오늘날의 어린이들 역시 '장래희망'을 말하는 데 거리낌이 없지만 과거와는 다른 생각을 가슴에 품는 경우가 많다. 예를 들면 장래희망을 '나쁜 범죄자를 수사하는 정의의 검사'로 정하더라도 실제 검사가 될 수 있을까를 회의하는 사례가 증가했다는 얘기다.

과거 한 인터넷 사이트에서 겪은 충격적인 경험을 소개하겠다. 게시판을 통해 논쟁을 하던 중 자신을 15세 남자아이라고 밝힌 이용자에게 장래희망을 묻자 "사실은 살아남는 것이 장래희망"이라는 답이 돌아왔다. 무한경쟁의 체제에서는 단지 적당히 하는 것만으로는 성공할 수 없음을 15세에 불과한 청소년도 체감해야만 하는 시대인 것이다.

내 경험을 특수한 것으로 치부할 수도 있겠지만 이와 유사한 다른 이들의 경험을 접하면서 우리 사회에서 이런 문제가 보편적인 것이 됐음을 직관적으로 알 수 있었다. 내 이야기를 들은 한 동료는 자신이 명절에 12세 조카들을 만나 겪은 황당한 경험을 전해주었다. 그의 조카들은 자신들이 훌륭한 사람이 되어 무언가 큰일을 할 수 있을 거라고 상상조차 하지 않는다고 한다. 이미 유치원 때부터 선행학습을 받아온 부유한 엘리트의 자제들을 어떻게 해도 이길 수 없다는 걸 이미 체득하고 있다는 것이다.

12세 소년들이 사회적 불평등에 대해 심도 있는 고민을 했을 리는 없고, 그들의 판단은 나름의 '직관'에 의한 것일 텐데, 이는 아마도 온라인게임 같은 것에서 얻어졌을 거라는 생각이 들었다.

흔히 MMORPG(Massively Multiplayer Online Role-Playing Game, 대규모 다중 사용자 온라인 롤플레잉 게임)라 불리는 온라인게임은 자신의 '아바타avatar'를 보다 강력한 존재로 키워나가는 과정을 포함한다. 여기서 중요한 것은 이 아바타의 성장에는 일정 한계가 있어서 그 한계에 도달하는 동안 얼마나 효율적으로 아바타의 능력을 배분하였느냐에 따라 게임의 성패 여부가 갈린다는 것이다. 예를 들어 칼과 방패를 사용하는 전사라면 칼과 방패에 관한 능력을 키우는 데만 집중해야지 마법이나 활쏘기 같은 능력을 육성해서는 안 된다. 능력을 효율적으로 배분하지 않고 이것저것 잡스럽게 배분하면 그 아바타는 충분한 위력을 발휘할 수 없는 '잡캐'(잡스러운 능력을 갖춘 캐릭터)로 취급된다. 아마 이 12세 소년들은 자신들을 이러한 '잡캐'의 신세에 비견했을 것이다.

한국인들은 서구인들과 비교하여 온라인게임을 아주 잘하는 것으로 정평이 났는데, 그 비결은 이러한 게임의 시스템을 파악해 자신에게 유리한 조건을 효율적으로 마련하는 데에 기가 막힌 직관력을 발휘하기 때문일 것이다. 즉 이것은 경쟁에서 승리하기 위해 효율성을 추구해야 한다는 지상명령이 한국사회의 구성원들에게 이미 내면화돼 있음을 드러내는 사례로 볼 수 있겠다.

더 시궁창이기에 희망이 있다는 아이러니

이 책에서 저자는 일본 젊은이들의 '행복'을 말하고 있지만, 일본과는 달리 우리 사회의 젊은이들은 앞서 말한 이유로 행복하지 않다. 일본사회는 아주 잠시에 불과했더라도 어쨌든 서구와도 비견할 수 있을 만큼 고도의 풍요로움을 경험하였으나, 한국사회는 늘 남을 따라가기 바빴고 앞의 상대를 따라잡아야만 한다는 강박에 빠져 숨 가쁘게 달려왔다. 일본사회의 구성원들은 잠시 정체되어 있더라도 지금 세계가 붕괴하지는 않는다는 나름의 안도감을 가질 수 있을지 모르겠지만, 한국 사람들은 정체되는 순간 무한경쟁에서 낙오하게 되고, 낙오하면 다시는 기회가 오지 않는다는 공포감을 의식 속 깊이 갖고 있다.

바로 이러한 풍토에서 한국 정치에 대해 정치적 냉소주의와 소비자주의가 출현한다. 이미 낙오해 다시 기회를 잡을 가능성이 없는 사람의 입장에서는 기성 정치권의 누가 정권을 잡더라도 상황의 개선을 기대할 수가 없으므로 투표와 같은 최소한의 정치행위를 포기하거나 아예 판을 뒤집을 새로운 신진세력이 등장했을 경우에 환호를 보내다 지치는 일이 반복되는 것이다. 신진세력에 대한 지지는 종종 자신이 낙오해버렸다는 절망감을 소극적으로나마 보상받기 위한 기제의 촉발로 이어지는 경향도 있다.

2011년 서울시장 보궐선거부터 2012년 대통령선거까지 국면을 뒤흔들었던 '안철수 열풍'은 한국인들의 이러한 정치적 속성을 가감 없이 보여준다. 안철수가 정치에 뛰어들지 말았으면 좋겠다는 여론과 대통령이 됐으면 좋겠다는 여론이 모두 높게 확인됐던 것은 표면적으로 보면 일종의 아이러니다. 그러나 정치적으로 해석한다면 이러한 여론은 안철수가 괜히 기성정치라는 '더러운 연못'

에 뛰어들어 옷을 더럽히지 않았으면 좋겠다는, 즉 '신상품'으로서의 지위를 잃지 않았으면 좋겠다는 의사를 내비치는 동시에 기성정치의 때가 묻지 않은 사람이 국가를 통치해 기성정치 질서를 완전히 뒤엎어버렸으면 좋겠다는 바람을 표현한 것으로 볼 수 있다. 특히 젊은이들이 안철수의 '청춘콘서트' 등에 열광했던 현상 역시 이런 맥락에서 해석할 수 있다. 얼마 전까지만 해도 정치에 관심이 없고 자기 몫을 위한 싸움에 나서지 않아 문제라는 평가를 들었던 그들이 아니던가? 안철수가 사실상 기성정치에 편입되자마자 '안철수 열풍'이 식기 시작한 점은 이런 맥락을 더욱 분명히 드러내준다.

결과만을 놓고 보면 정치에 대한 무관심과 냉소에서 헤어나올 수 없다는 점에서 한국과 일본의 젊은이들은 같은 어려움에 빠져 있지만, '역동성'이라는 측면에서는 바로 이런 방식으로 차이를 보인다. 그런 점에서 볼 때 한국과 일본의 젊은이들이 처한 상황을 개선하기 위해 필요한 것은 '정치의 복구'라는 공통적인 진단을 내릴 수 있겠으나, 이것이 실현될 가능성을 보다 긍정적으로 점칠 수 있는 쪽은 일본보다는 한국일 것으로 평가해야 할 것 같다. 일본의 젊은이들보다 한국의 젊은이들이 좀 더 행복하지 않고, 보다 고통스러운 현실에 놓여 있으므로 오히려 변화의 실마리를 찾을 수 있다는 희망을 말하는 것은 그야말로 아이러니다. 하지만 가끔은 아이러니에 진실이 있는 법이다.

김민하 〈미디어스〉 기자, 정치·사회평론가

빈곤 노동의 악순환

『**노동의 배신**』
바버라 에런라이크 지음, 최희봉 옮김, 부키, 2012

12시간의 노동을 마치면 밤 10시였다. 식당 문을 밀면 짙은 어둠과 상쾌한 바깥 공기가 밀려와 흠칫 놀라곤 했다. 24시간 환하고 음식 냄새로 가득한 식당 안과는 다른 공기. 식당 밖으로 나갈 수 있다는 느낌은 생경한 것이었다. 적어도 12시간 동안은 꿈도 꾸지 못했던 일이니 말이다. 손님이 많아서 밥도 서서 대충 먹고 일한 날은 다리가 후들거려 슈퍼마켓에 들러 빵과 우유를 사먹기도 했다. 몸이 겪은 일을 머리가 잊을까 싶어 집으로 돌아가는 지하철 안에서 빨간 수첩을 꺼내 기록하고 또 기록했다.

2009년 9월은 내게 그런 나날이었다. 시사주간지 〈한겨레21〉 사회팀 기자들이 최저임금을 받는 한국의 빈곤 노동자들의 삶을 들여다보기 위해 위장취업을 하는 '노동OTL' 기획을 진행하기로 했을 때, 팀원 중 유일한 여성 기자였던 나는 선택의 여지없이 '여성 빈곤 노동'에 뛰어들어야 했다. 한 달 동안 서울의 갈빗집과 인천의 감자탕집에서 일했다. 이 기획은 2009년 당시 법정 최저임금이 시급 4000원이었던 사실에 착안해『4천원 인생』(안수찬 외, 한겨레출판, 2010)이라는 제목의 책으로 묶여 나왔다. 식당에서 가장 싼 메뉴인 백반도 1인분에 5000원은 하던 시절이었다.

영국과 미국, 한국의 빈곤 노동

이 무모한 기획에 용기를 준 것이 미국과 영국에서 우리보다 먼저 그 길을 간 기자들이었다. 미국의 저널리스트 바버라 에런라이크 Barbara Ehrenreich가 2000년, 영국의 폴리 토인비Polly Toynbee가 2002년에 이미 빈곤 노동의 현장에 뛰어들어 기록을 남겼다. 바버라 에런라이크의『노동의 배신』(2009년 기획 당시에 청림출판에서 나온 책의 제목은『빈곤의 경제』였는데, 2012년 출판사가 바뀌면서 제목이 바뀌어 번역 출간됐다)과 폴리 토인비의『거세된 희망』(개마고원, 2004)을 읽는 일은 기획의 첫 단계였다.

영국 〈가디언Guardian〉의 칼럼니스트이자 저널리스트 생활을 막 시작할 당시부터『노동하는 삶A Working Life』등 육체노동 체험 르포를 써왔던 폴리 토인비는『노동의 배신Nickel and Dimed』이라는, 미국에서의 빈곤 노동 체험 르포에 자극받았다고 고백한다. 그는 자신의 책 서문에 "영국 사람의 눈으로 책을 읽던 나는 (빈곤율이 유럽의 두 배인) 미국에서 이 문제가 얼마나 심각한지에 적잖이 놀랐다"고 썼다. 2002년 당시 유럽에서 가장 낮은 사회적 지출에 가장 높은 빈곤율을 보인 영국인의 시각으로도 그렇다는 이야기다.

복지 인프라가 갖춰진 나라와 그렇지 않은 나라 사이의 격차는 르포의 도입부에서부터 확인할 수 있다. 안식 휴가 기간에 빈곤 노동에 뛰어들기로 결심한 영국의 저널리스트가 가장 먼저 찾은 곳은 자신이 사는 동네인 클래펌 지역에서 빈민들이 모여 사는 공공주택 '클래펌파크'였다. 외관이 열악하긴 하나, 방 두 개와 적당한 크기의 거실이 있는 아파트를 배정받은 뒤 그는 곧바로 일주일에 53.05파운드를 주는 구직자 수당을 받기 시작했다. 또 국가가 운영하는 사회기금의 혜택을 받기 위해 정부 보조금 지급소를 찾아가 침대, 가스레인지, 식탁과 의자, 그릇 등을 구입할 용도로 400파운드를 대출받았다.

미국의 체험 르포인 『노동의 배신』은 냉철한 '돈 계산'으로 시작한다. 최저임금 수준인 시간당 7달러를 번다면 방값으로 한 달에 500달러, 아주 아껴 쓴다면 600달러까지 쓸 수 있고, 400~500달러가 식비와 기름값으로 남게 된다. 에런라이크가 머물기로 작정한 키웨스트 지역에서 이 정도의 돈으로 구할 수 있는 숙소라고는 싸구려 여인숙이나 트레일러 주택이 고작이다.

그는 도심에서 차로 15분 떨어진 곳에 있는 선풍기도, 방충망도, 텔레비전도 없는 트레일러를 보고, 그런 집마저도 한 달에 방세가 675달러라는 사실을 확인하고 돌아선다. 자신은 '트레일러에 사는 백인 쓰레기'조차 될 수 없다는 현실과 마주한 셈이다. 결국 일하게 될 곳에서 50킬로미터나 떨어진 곳에 월세 500달러짜리 원룸을 계약한다. '빈곤을 체험'하는 자신이 원래 사용했던 상태 좋은 차량만은 계속 사용하기로 했기에 가능한 시나리오다.

한국의 상황은 어떤가? 빈곤의 나락으로 떨어졌을 때 우리를 도와주는 것은 무엇인가. 시간당 4000원이라는 낮은 임금은 하루 12시간씩 일해도 한 달에 100만 원 조금 넘는 돈을 손에 쥐어줄 뿐이다. 특별한 자산이 없이 이 돈만으로 주거부터 식비와 기름값까지 충당한다는 것은 불가능한 일이다. 복지 인프라가 그나마 갖춰진 영국과, 우리보다 그래도 최저임금 수준은 약간 높은 미국의 사례를 보며 자꾸 절망감이 고개 드는 이유는 이 때문이다.

그리하여 한국의 빈곤 노동 체험 르포인 『4천원 인생』에서도 기자들은 고시원, 친구네 집 등을 전전하며 살 수밖에 없었다. 적은 임금으로 편히 몸 누일 곳을 찾는 일은, 영국의 경우처럼 정부가 나서서 도와주지 않았다. 이런 시스템을 바버라 에런라이크는 한마디로 정리한다. "가난하기에 돈이 더 든다." 보증금을 낼 엄두를 낼 수 없는 빈곤 노동자들은 더 많은 월세를 지불할 수밖에 없다. 가난할수록 기댈 수 있는 인맥을 기대하기 어렵다. 에런라이크가 월세 500달러짜리 원룸을 구한 것도 체험을 시작할 때 들고 있었던 1300달러 때문이었다. 신세 질 친구집이란 것도 냉정히 말하면 기자가 갖고 있던 인맥 덕분이다. 그 모든 것은, 하루하루 시급만으로 버텨내야 하는 빈곤 노동자에게 기대하기 어렵다.

내가 지금 누구의 똥을 치우는 거지?

한국에서 빈곤 노동 체험을 마치고 기사를 써내려가면서 『노동의 배신』과 비슷한 감정을 토로하고 있는 자신을 발견하곤 했다. 심지어 식당 일, 청소 등 여성 빈곤 노동을 체험하는 과정에서 겪은 일은 미국의 바버라 에런라이크, 영국의 폴리 토인비와 너무도 비슷한 결이어서 문득 얼싸안고 서로를 위로하고 싶을 정도였다. 한 사회가 빈곤을 대하는 태도가 어떠하냐의 차이를 넘어, 작은 수입을 위해 누군가의 시중을 드는 형태의 빈곤 노동은 그 자체로서 하나의 독특한 의미를 가진다고 믿게 되었다.

예를 들면 이런 것이다. 식당에서 만난 다른 노동자들, '언니'들은 시간이 나면 텔레비전을 봤다. 멍하게 보다가 손님이 오면 눈을 떼곤 했다. "A갈빗집과 B감자탕집 직원들은 다들 〈패밀리가 떴다〉, 〈해피선데이-1박2일〉 등 예능 프로그램을 좋아한다. '저렇게 놀러다니면서 돈을 벌 수 있으니 얼마나 좋아.' 감자탕집 주방 언니가 말했다."『4천원 인생』의 한 대목이다.

에런라이크는 호텔 청소를 하며 이렇게 기록했다. "일하면서 텔레비전을 보는 것이 우리의 유일한 낙이었다. 특별히 재밌는 프로그램이 나올 때면 침대 끄트머리에 나란히 앉아서 우리가 평생 똑같은 일만 하다 늙어 꼬부라질 것이라는 현실은 잠시 잊고 마치 파자마 파티에 온 여자애들처럼 함께 낄낄거렸다."

식당에서 화장실 청소를 하던 중 똥과 대면한 부분도 이렇다. "청소 첫날, 남자 화장실에서 난 잠시 숨을 멈췄다. 어떤 이가 변을 그대로 남겨 두셨다. 용의 선상에 몇 명을 올려본다. 재떨이에 사장이 피우는 담배도 있다. 식당에서 먹고 싼 이들을 생각해본다. 인간은 참 자동이다." 감자탕집에서의 기록이다.

"청소부에게 똥은 피할 수 없는 일의 한 부분이다. 청소부가 되어 처음으로 똥 묻은 변기와 대면했을 때 나는 누군가와 원치 않는 친밀한 관계가 되었다는 사실에 심한 충격을 받았다. 바로 몇 시간 전에 어떤 통통한 엉덩이가 이 변기에 앉아 힘을 주었고 나는 여기서 그걸 치우고 있구나." 『노동의 배신』의 한 대목이다.

빈곤 노동자가 하게 되는 여러 업무, 내가 지금 누가 싸놓은 똥을 치우는 거지, 라는 질문과 맞닿을 때 당황스럽다. 버티려면, 생각하지 말고 몸만 움직여 일해야 한다.

내가 지금 누구 똥을 치우는 거지, 짜증이 밀려와 그만둔다면? 식당 안을 꽉 채운 손님들의 아우성, 후들거리는 다리, "아이 오프너하고 트래디셔널도 구분 못한단 말이야?"라고 질책하는 동료이자 상사, 스트레스에 얼굴이 벌개져 쟁반을 집어던지는 주방장. 그 모든 것을 뒤로하고 에런라이크가 '일을 때려치우고' 식당을 걸어 나온 에피소드는 익숙한 장면이다. 빈곤 노동을 하는 모두가 매일 꿈꾸는 장면일 테니 말이다. 하지만 그가 그날 느낀 기분은 '엿 먹어라' 식의 통쾌함이 아닌 실패했다는 우울한 느낌뿐이었다. 긴 근무시간과 매 작업에 전력투구하는 과정을 되풀이해야 하는 빈곤 노동. 그것을 체험하는 일은 매 순간이 하나의 시험대다.

바람은 더 간소한 동시에 성취하기 어려워졌다

나보다 훨씬 먼저 빈곤 노동에 대해 고민했던 이들은 현재의 빈곤 노동이 '악순환'이라는 사실을 환기시켰다. 폴리 토인비는 책을 쓰는 동안 빈곤 지역과 자신의 집을 오가며 늘 문화적 충격에 빠졌었다고 고백하며 묻는다. "가난은 저 멀리에 있는 것이 아니라 바로 길 옆에 부유층과 함께 교묘히 섞여 있었다. 이들은 부유층이 사는 집을 청소하고 상점과 레스토랑에서 일했으며 거리를 쓸고 공공서비스가 잘 돌아가도록 기름칠을 했다. 현재 우리가 사는 방식을 다음 세대에 어떻게 정당화할 수 있을까? 빈곤층이 굶어 죽지만 않는다면 아무 문제가 없는 것일까?"

『노동의 배신』을 출간한 지 10년 만에 바버라 에런라이크는 후기를 썼다. 그는 빈곤층에 도움이 될 만한 서비스를 계속 없애버리는 정부, 공공주택은 문을 닫으면서 노숙은 범법 행위로 규정하는 정부 덕분에 빈곤은 갈수록 범죄가 되어가고 있다고 진단했다. 2001년 당시에 책을 내면서 '더 높은 최저임금, 보편적인 의료 혜택, 적당한 집세, 좋은 학교, 믿을 만한 대중교통, 그 외에 선진국 중에서 미국만이 유일하게 추진하지 않는 여러 공공 사업들'을 해결책으로 제시했던 그는 이제 "바람은 더 간소한 동시에 성취하기 어려워졌다"고 말한다.

"빈곤을 줄이고 싶다면, 사람들을 빈곤하게 만들고 계속 그렇게 살게 만드는 짓을 중단해야 한다. 임금을 너무 적게 주지 말자. 노동자들을 잠재적인 범죄자처럼 다루지 말자. 그들이 원한다면 더 나은 임금과 더 나은 노동 환경을 얻기 위해 조직을 결성할 권리를 주자." '적어도 사람들이 넘어졌을 때 그들을 발로 차지는 않겠다고 다짐해야 한다'는 맺음말은 우리 사회에도 큰 울림을 준다.

임지선 〈한겨레〉 기자

4장

임계점에 도달한 자본주의

피케티의 급진화만이 피케티를 살릴 수 있다

『21세기 자본』
토마 피케티 지음, 장경덕 옮김, 이강국 감수, 글항아리, 2014

2014년은 피케티의 해였다 해도 과언이 아니다. 그의 『21세기 자본』이 프랑스어로 세상에 처음 모습을 드러낸 것은 그보다 한 해 전이었지만, '판도라의 상자'가 열린 것은 그것이 영어로 번역된 2014년 3월, 폴 크루그먼 같은 유명 경제학자가 극찬을 하면서 세계의 이목을 일순 잡아당겼다.

과연 그 상자 속에는 진기한 것들이 가득했다. 피케티의 주요 목적은 부富에 관한 비밀을 우리에게 알려주는 것이지만, 보통의 경제학자답지 않게 우리에게 익숙한 (오스틴과 발자크의) 소설 속 주인공들을 내세웠다. 그렇다고 이 책에서 수식과 그래프의 역할이 미미한 것도 아니다. 그러나 그 스스로 소설 속 고리오 영감으로 분한 피케티가 가면을 벗고 고쳐 앉아 내놓는 87개의 그래프는 경제학자의 고리타분함이 아니라 시골집 할아버지의 친근함으로 다가온다. 이 사람이 이제 갓 마흔을 넘긴 유망 경제학자라니! 재밌는 것은, 이젠 피케티의 트레이드마크로 자리 잡은 'α(자본소득률)=r(자본수익률)·ß(총자본소득의 비율)'나 'ß=s(저축률)/g(경제성장률)', 'r>g' 따위의 수식들이 비록 단순해 보이긴 하지만 경제학자들조차도 일찍이 본 적이 (거의) 없는 것이기에 누구에게나 공평하게 호기심을 자극한다는 점이다.

이러한 요소들이 아니었다면 "우리가 '19세기식 세습 자본주의 patrimonial capitalism'로 돌아가고 있다"라거나 "부자들의 소득뿐 아니라 재산에도 무거운 세금을 물려야 한다"라는 등의 '화끈한' 주장들은 조롱거리에 그쳤을지 모른다. 영어판이 출간된 지 1년이 지난 지금, 『21세기 자본』을 향한 인기는 다소 사그라진 것 같다. 그간 제기된 다양한 비판들에 대해서 저자인 피케티도 조금은 물러선 느낌이다. 그러나 그가 미친 영향은 일반인들의 사고방식 속에서, 그리고 불평등에 대한 학자들의 연구와 각국 정부 및 국제기구들의 정책에서 더 적극적으로 드러나게 될 것이다.

피케티의 급진성, 소득세율 80퍼센트를 주장하는 이유

피케티의 『21세기 자본』은 1970년대 중반 이래 소득 불평등이 급속도로 심화되고 있다는 관찰에서 출발한다. 그는 이러한 현상의 직접적인 원인으로 세제의 약화를 꼽는다. 1940~70년대까지 90퍼센트를 넘나들었던 선진국들의 소득세 최고세율이 지금은 40퍼센트 안팎으로 떨어졌다. 재산의 증여와 상속도 쉬워졌다. 최근 우리나라 정부는 향후 재산 관련 세제를 '선진국 수준에 맞게' 완화하겠다는 방침을 거듭 밝히고 있다. 따라서 피케티는 이렇게 약화된 소득세의 누진성progressivity을 다시금 강화하는 것이야말로 불평등을 완화시킬 가장 중요한 수단이라고 여긴다. 그는 소득세 최고세율을 80퍼센트 수준까지 높여야 한다고 역설한다.

보통 개인의 소득은 크게 노동소득(임금 등)과 자본소득(이윤, 지대, 이자, 임대료, 각종 수수료 등)으로 나뉘며 불평등은 이 양 측면 모두에서 벌어졌는데, 먼저 세제의 누진성 강화는 노동소득 측면의 불평등 심화 원인을 제거해줄 것이다. 왜냐하면 피케티에 따르면 이러한 불평등은 대체로 1980년대 이후 선진국에서 대기업 임원들의 고액연봉이 성행하면서 빠르게 진행됐고, 그것이 가능했던 원인 자체가 바로 세제의 누진성 약화였기 때문이다. 과거엔 돈으로 줘봐야 세금으로 빼앗길 것이기에 아예 주지도 받지도 않았는데, 이젠 세율이 낮아져 고액연봉이 가능해졌다는 것이다. 따라서 누진성을 다시금 강화해 최고소득세율을 80퍼센트 선까지 높인다면, 기업들이 임원들에 대한 직접적인 금전적 보상을 줄일 것이고, 이는 불평등 심화의 원인이 제거됨을 의미한다.

그러나 다른 한편으로 이러한 누진성 강화가 자본소득 측면의 불평등 심화 원인까지 건드리지는 못한다. 자본소득의 불평등은 자본소유의 불평등에서 기인하는데, 보통 자본은 소득보다 훨씬 더 편중되어 있기 마련이다. 따라서 자본 소유를 좀 더 평등하게 만들 방안 없이는 자산소득 불평등은 여전히 진행될 수 있다. 피케티가 내놓은 글로벌 자본세가 바로 그러한 방안이다. 이는 자본의 소유 그 자체에 대해 매기는 세금이다. 물론 이 또한 누진적인 구조여서 집한 채 정도의 재산을 가진 사람이라면 그 세부담(연간 재산총액의 0.1퍼센트 수준)이 그리 크지 않지만, 자본액이 커질수록 최대 5퍼센트에서 10퍼센트까지도 부과될 수 있다. 이러한 제도가 시행된다면 자본이 좀 더 평등하게 소유될 것이라고 그는 기대한다.

『21세기 자본』의 가장 명백한 힘은, 이를 통해 많은 사람들이 불평등을 경제를 병들게 하는 핵심 원인으로 보게 되었다는 데 있다. 피케티가 지적하는 대로 애초에 불평등, 일반적으로 소득 분배는 경제학자들의 주된 관심사는 아니었다. 통상적인 주류경제학은 일정 정도의 불평등은 불가피할 뿐 아니라 개인의 근로의욕을 고취하기 위해 필요하기까지 하다고 가르친다. 만약 불평등이 지나치게 커진다면, 이는 경제 자체의 문제라기보다는 정부의 부적절한 개입 등에 따른 것이며, 일반적으로 정부의 지나친 간섭은 불필요한 '지대추구 행위'와 독점을 낳아 경제의 효율성을 떨어뜨리고 불평등을 조장한다는 것이다. 사실 이러한 생각은 피케티와 마찬가지로 불평등을 문제 삼는 스티글리츠 같은 경제학자도 공유하는 것이다. 보통의 신고전파 주류경제학자들이 정부의 축소를 주장하는 데 반해 스티글리츠 같은 이들은 민주적인 정부를 통해 시장의 효율적 작동을 꾀한다는 게 다를 뿐이다.

이에 비해 피케티는 시장이 가장 완벽하게 작동할 때조차 불평등은 심화되며, 그런 의미에서 불평등은 자본주의의 필연적인 산물이라고 주장한다. 그리하여 정부 개입은 스티글리츠 같은 다른 불평등론자들이 주장하듯 시장의 이상적 작동을 위한 것이 아니라 시장의 작동 그 자체를 통제하기 위한 것이 된다. 이론적으로 보았을 때, 피케티의 급진성은 바로 이 대목에 있다.

피케티가 말하지 않았거나 말하지 못한 것들

그렇다면 이러한 급진성이 그가 내놓는 해법에까지 이어지는가? 많은 이들이 피케티의 불평등 진단에는 수긍하면서도 그의 해법에는 고개를 젓는다. 분명 그가 제안하는 세제개혁은 비현실적으로 보일 정도로 '과격'하다. 그러나 피케티의 결함은 너무 높은 세율 자체에 있는 게 아니라 불평등의 해법을 오직 세제의 차원에서만 구한다는 데 있다. 달리 말하면, 그는 불평등의 원인이 자본주의 자체에 있다고 올바르게 보면서도, 그 해법은 자본주의 작동의 최종적인 결과로서의 소득 분배 교정에서만 찾는 것이다.

세제를 통한 재분배를 흔히 '2차 분배'라고 한다. 따라서 세제를 통해 불평등을 교정한다는 것은 '1차 분배', 즉 경제과정의 직접적인 결과들은 받아들인다는 뜻이다. 이 결과들에는 신자유주의 이후 비정규직 일반화에 따른 임금수준 저하, 가계부채 1000조 원 시대를 여는 데 공헌한 고리대 수준의 카드연체 이자율과 대부업 이자율, 집값 하락에도 아랑곳하지 않고 치솟는 주거비 등이 포함된다. 과연 이런 문제들이야말로 지난 20~30년간 한국사회에서 불평등을 심화시킨 가장 핵심적인 원인이자 결과 아닌가? 세제도 세제이지만, 위와 같은 문제들을 직접적으로 완화할 수 있는 조치들이야말로 불평등의 좀 더 근본적인 원인을 제거하는 것 아닌가?

실증적으로 봐도 국가재정활동에 의한 소득 재분배 효과는 미미하다.

그렇다고 국가기능에 의한 재분배가 무의미한 것은 아니다. 그것은 피케티가 말한 것과는 다른 의미에서, 즉 자본소유자와 비자본소유자 간의 재분배가 아니라 자본소유자 내부의 재분배라는 의미에서 더 중요하다. 자, 그는 부자들에게 세금을 많이 걷어 '자본수익률(r)'을 낮추면 불평등이 완화되리라고 예상한다. 그러나 그는 그렇게 거둬들여진 세금이 어떻게 쓰이는지에 대해서는 거의 언급하지 않는다. 역사적으로 이 돈의 대부분은 자본의 수익률을 높이는 데 재투자돼왔는데도 말이다. 즉 '세입'뿐 아니라 '세출'의 측면까지 고려하면, 정부의 재정행위가 자본의 수익성을 떨어뜨린다고 단정하기는 어려우며, 그런 의미에서 국가에 의한 자본소유자―비자본소유자 간 재분배는 그리 크지 않다는 것이다.

따지고 보면 경제의 효율성을 높여 성장률을 극대화하는 것은 자본주의 국가의 기본적인 기능이며, 자본수익률은 경제성장률 (g)의 근간이다. 여기서 문제는 모든 자본이 경제성장에 복무하지는 않는다는 사실이다. 근본적으로 이는 피케티가 지나치게 자본 개념을 넓게 잡고 있다는 점과 결부된다. 보통 경제학에서 자본이란 생산수단을 의미한다. 생산에 동원되어 잉여가치를 낳아야 한다. 같은 금액이라도 내 주머니 속에서 잠들어 있으면 자본이 아니며, 이런 의미에서 자본은 부wealth와 구별된다. 반면 피케티의 자본은 '부' 그 자체. 그래서 그는 전통적인 자본 외에도 각종 금융자산이나 주택 등 주거용 부동산까지 자본에 포함시킨다. 결과적으로 자본이 거두는 수익 중에는 생산과는 전혀 상관이 없는 약탈적인 성격의 것들도 들어가게 되고, 따라서 만약 국가가 자본 전체에 세금을 무겁게 매긴 뒤 확보된 세수를 경제의 효율성을 높이는 데 쓴다면, 결과적으로 상당한 소득이 비생산적 자본가로부터 생산적 자본가에게로 재분배될 것이다. 이러한 자산계급 간의 재분배야말로 현실적으로 국가의 재정활동이 담당하는 기본적인 역할이다.

이것은 물론 국가의 역할이 자산계급 간의 재분배에 국한되어야 한다는 뜻은 절대로 아니다. 오히려 그 반대다. 국가의 역할은 사회 전체의 바람직한 부의 분배, 나아가 부의 향유가 가능해지도록 좀 더 확대될 필요가 있다. 그것이 곧 '복지국가' 아니겠는가. 문제는 우리가 '1차 분배'의 문제를 도외시하면 할수록 그러한 국가의 역할에 과도한 임무를 부여할 수밖에 없으며, '전지전능한 국가'라는 환상에 더 많이 의존할 수밖에 없다는 것이다. 이러한 과도한 기대가 실현되기는 쉽지 않다. 피케티의 해법이 풍기는 비현실성은 바로 이 점에서 비롯된다.

자, 피케티의 분배에 관한 문제 제기는 옳다. 그러나 주로 '2차 분배'의 영역에 머물고 있는 그의 시선을 '1차 분배'로 가져와야 한다. 나는 이것을 '피케티의 급진화'라고 부른다. 여기서 '급진화'란 그에 해당하는 영어단어 'radical'이 가지고 있는 '사태의 뿌리로 다가간다'는 의미까지 포함한다. 이러한 급진화를 통해서만 피케티의 문제의식도 제대로 살릴 수 있다.

김공회 당인리대안정책발전소 연구위원

한국 자본주의는 얼마나 다른가

『**한국자본주의**』
장하성 지음, 헤이북스, 2014

2008년 9월 15일, 월가에서 4번째로 큰 리먼브라더스^{Lehman Brothers}가 무너지는 대파국을 목도하면서 블룸버그^{Bloomberg} 통신은 "미국 금융시장에 영원한 변화가 생겼다"고 논평했다. 〈월스트리트저널^{Wall Street Journal}〉은 금융시장의 영역을 넘어 시스템 자체가 바뀌게 되었다면서 "미국 금융자본주의가 결정적인 전환점을 만들고 있다"고 놀라워했다. 영국의 경제전문지 〈파이낸셜타임스^{Financial Times}〉는 한발 더 나아가 30년 동안 세계 경제를 풍미해온 신자유주의 붕괴를 예견하면서 "로널드 레이건 시대가 공식적으로 막을 내렸다"고 논평했다.

물론 그토록 극적인 순간에 쏟아져 나온 역사적인 논평들을 당시에 액면 그대로 무겁게 받아들이는 사람들은 많지 않았고, 언론이 흔히 사용하는 과장 어법이라고 간주했다. 그러나 시간이 지나면서 글로벌 경기침체가 장기화될 조짐을 보이자 전문가들은 물론 일반인들의 생각마저 바뀌기 시작했다. 경제학자들은 이를 1930년대의 대공황Great Depression에 견주어 대침체Great Recession 또는 장기침체Secular Stagnation로 표현하게 되었고, 세계 곳곳의 평범한 시민들은 실업과 소득 정체가 지루하게 이어지는 전례 없는 고통에 노출되어야 했다.

바로 이런 배경 아래 등장한 사회적 이슈가 '불평등'이었다. 불평등을 오랫동안 학문적으로 추적해온 프랑스 경제학자 피케티는 졸지에 록스타에 버금가는 유명세를 떨치게 되었으며, 최상위 1퍼센트 부자에 대항하는 99퍼센트운동이 월가를 점령하는 시민운동 형태로 탄생했다. 자본주의 역사 만큼이나 오래된 화두인 불평등이 신자유주의 위기로 조성된 대침체 국면에서 세계적 화두로 새롭게 부상한 가운데, 우리나라는 복지와 함께 '경제민주화'가 시대의 화두로 국민적 관심을 모으게 되었다. 한국 자본주의 역시 세계 자본주의의 역사적 전환 추세와 분리되어 나 홀로 번영할 수는 없었기 때문이다.

그런데 이 대목에서 주의해서 볼 것은, 불평등 문제가 과거처럼 단지 '분배'에 국한된 문제가 아니게 되었다는 점이다. 물론 부와 소득을 시장에서 공정하게 분배하고, 국가가 조세 등의 방식으로 재분배하는 것은 중요하다. 그런데 최근에는 여기에 그치지 않고, 부와 소득이 최상위 1퍼센트에 집중되는 불평등 구조가 결국 서

민과 중산층의 구매력을 약화시켜 대침체와 장기침체를 구조화
시키는 원인으로 작용하고 있다는 주장이 힘을 얻고 있다는 것이
다. 따라서 경기침체를 벗어나서 다시금 안정적인 성장을 이루자
면 지금의 불평등한 분배와 재분배 구조를 근원적으로 개혁하는
것이 필수적이다. 이에 대한 유력한 해법으로 국제노동기구(ILO)
나 유엔을 중심으로 '소득 주도 성장'을 제안하게 되었고, 2014년
부터 우리나라에서는 공식적인 경제정책으로 채택되기에 이른다.
이제 성장이냐, 분배냐 하는 낡은 도식을 대신하여 성장을 위해서
라도 분배 구조를 개혁하는 것이 필수라는 주장이 대세가 되어가
고 있다.

이처럼 지난 30여 년간 서구를 풍미해온 글로벌 경제 환경이 근
본적으로 변화하고 있고, 최저임금 인상과 같은 소득증대 정책이
성장 정책으로 채택되는 대변환이 이뤄지는 시점에서, 오랫동안
경제민주화운동에 관여해온 장하성 교수의 『한국 자본주의』는 대
단히 시의 적절하게 나온, 지금의 시대적 질문들과 마주하고 있는
700여 쪽의 방대한 저서다. 1997년 외환위기 이전의 국가주도형
한국 자본주의와 그 이후의 시장근본주의적 자본주의를 관통하는
맥락을 통찰하면서, 경제민주화와 경제 정의의 입장에서 우리 경
제의 개혁과제를 종합하려는 역사서이자 대안 정책서이기도 하다.

한국 자본주의, 공정한 시장경쟁인가 국가의 역할 회복인가

1997년 외환위기 이후 한국 자본주의를 진단하고 개혁 방향을 제
시하는 데 있어서 상당히 날카롭게 대립하는 두 개의 갈래가 있었

음은 잘 알려진 사실이다. 박정희 개발독재 시기를 거쳐서 1997년 까지 한국 경제를 규정했던 국가주도의 경제성장 모델이 대체로 성공적이었다는 전제 아래, 외환위기 이후 한국 경제에 급격히 이식된 신자유주의와 주주자본주의가 성장 잠재력을 훼손시키고 불평등을 확대했다고 보는 견해가 그 중 하나다. 장하준 케임브리지 대학 교수로 대표되는 이 관점은 한국 경제가 2000년 이후 영미식 신자유주의 정책을 무분별하게 도입한 결과 세계 경제가 직면하고 있는 문제들과 동일한 문제를 겪게 되었으며, 문제 해결을 위해서는 '작은 정부, 큰 시장'이라는 신자유주의 패러다임을 역전시켜야 한다고 주장한다.

이와 대립되는 흐름은, 시장 질서를 무시한 국가주도의 계획경제와 관치경제를 과거 우리 경제의 잘못된 유산이라고 비판하면서, 당면과제는 자유롭고 공정한 시장경쟁 환경의 조성이라고 보는 관점이다. 1990년대 소액주주운동을 시작으로 재벌개혁과 기업지배구조 개선운동으로 이어진 흐름이 그것이다. 장하성 교수가 서 있는 입각점이기도 하다.

장하성 교수의 『한국 자본주의』는 우리 경제의 역사와 정책대안을 포괄적으로 담아내려는 야심적인 역작이면서, 동시에 지난 십수 년 동안 날카롭게 대립해온 두 견해의 연장선에서 벗어나 있지는 않다. 오히려 대립 속에서 자신의 견해를 종합하고 체계화하려는 노력이 부각된 책이라고 할 수 있다. 그는 1960년대에 시작된 박정희 개발독재 시기부터 1990년대 김영삼 문민정부 이전 시기까지의 우리 경제에 대해서, 국가사회주의를 표현할 때 사용하는

'계획경제'라는 용어까지 동원하면서 시장경쟁이 전혀 작동하지 않는 관치경제로 인해 분배도 왜곡되고 재벌에게 부가 집중되었다고 비판하고 있다. 그 연장선에서 1997년 외환위기 이후의 한국 경제가 신자유주의 정책 도입에 따른 주주 이익 극대화를 추구하고 있다는 견해를 부정한다. 주요 기업들에서 주주를 위한 배당 성향이 특별히 높아지고 있다는 증거는 없으며 오히려 기업의 내부 유보가 커졌다는 점이 그 이유다.

이 책에서 전개되고 있는 관치경제에 대한 반복적인 비판과 서구의 기업지배구조와는 다른 재벌체제에 대한 문제점 지적은 분명 한국 자본주의가 특수하게 성장해온 역사를 반영하고 있고 진실의 일면을 보여주고 있다. 특히 재벌과의 사회적 대타협이 가능하다는 일각의 주장을 강력히 비판하면서 재벌 규제에 대해 목소리를 높여온 대목은 경제민주화에 대한 그의 논리를 잘 뒷받침해준다.

그러나 그는 박정희 개발독재에 대한 비판이 과도한 나머지 다양한 유형의 국가주도형 자본주의 경제 전부를 사회주의적 계획경제로 단순화시키고 있으며, 국가의 산업정책마저 계획경제로 볼 위험성마저 보이고 있다. 최근 글로벌 경제정책 논쟁의 핵심은 그의 주장과 달리 국가의 경제 개입 축소냐 확대냐의 문제라기보다는, 경제에서 국가의 역할이 무엇인가 하는 점이다. 예를 들어 미국의 노동부 장관 출신 경제학자 로버트 라이시Robert Reich는 국가가 얼마나 많이 경제에 개입하는가 하는 것이 문제가 아니고, 국가가 누구를 위해서 경제에 개입하는가 하는 점이 문제의 핵심이라고 지적하고 있다(『Beyond Outrage』, Brilliance Audio, 2012).

복지국가로 가는 한국 자본주의의 경로

또한 장하성 교수의 신자유주의에 대한 모호한 인식과 태도는 우리 경제를 전체적으로 분석하는 데 방해요인이 되고 있다. 그는 굳이 신자유주의라는 용어 대신 '시장근본주의'라고 부르면서 이를 거의 주주자본주의와 동일하게 취급하고 있다. 때문에 주주자본주의적 특성이 한국 자본주의에서 서구처럼 두드러지지 않는다는 점을 들어 우리는 글로벌 신자유주의 체제와 차별화되는 길을 걸었다고 생각하는 듯하다.

그러나 주주자본주의는 신자유주의의 하나의 특징에 불과하다. 정부의 규제완화와 감세, 경제의 금융화, 복지와 사회서비스의 민영화, 노동유연화와 비정규직화, 자본 이동의 세계화 등 다면적인 모습을 가지고 있는 신자유주의는, 2차대전 이후에 성립되어 1970년대까지 자본주의의 황금기를 이끌었던 케인지언Keynesian 자본주의를 대체해 들어선 세계 자본주의 체제다. 세계 자본주의에 깊숙이 편입돼왔던 한국 자본주의 역시 주로 금융산업 부문에서는 전형적인 주주자본주의가 나타났으며, 노동유연화, 자본시장 개방, 소매금융의 급격한 팽창, 사회서비스 민영화, 지속적인 감세 등 신자유주의 일반에서 나타났던 정책과 경제 현상이 거의 예외 없이 그대로 나타났다. 그리고 그런 신자유주의 경제가 고착되면서 외환위기 이후 소득 불평등이 급격히 확대되었고, 학력 대물림 현상을 포함하여 사회적 계층 이동성이 낮아지면서 부의 대물림까지

예견되는 상황이 전개된 것이다.

이런 점에서 피케티가 지적한 자본주의의 불평등 경향성은 한국 자본주의에서도 그대로 관찰되고 있다. 그리고 이를 치유할 가장 상식적인 방법은 '국가에 의한 소득과 자산의 재분배'다. 불평등과 침체의 늪에 빠진 한국 자본주의가 다시 성장의 탄력을 받으면서 복지국가로 가는 출발점도 여기에 있다.

하지만 장하성 교수의 논점은 바로 이 대목에서 상당한 혼란에 빠진다. 이는 다음과 같은 그의 주장에서 잘 드러난다. "지금의 불평등한 구조는 시장 경쟁으로부터 초래된 자본주의의 본질적 결함 때문만으로 볼 수 없는 것이다. '시장의 힘은 불평등을 만들어낸 요인 중 하나일 뿐 유일한 요인이 아니며', 오히려 시장을 조정하고 실패를 보완하는 역할을 포기한 정부가 불평등을 악화시키는데 기여한 것이다."(580쪽) 시장 실패에 적극 대처하지 않은 정부가 불평등의 원인이라는 주장인 셈인데, 이는 국가의 적극적 역할을 주문한 것이어서 국가의 시장 개입을 부정적으로 보는 그의 관점과 충돌한다.

이런 혼란과 모순에도 불구하고 재벌과 정부의 유착에 의한 시장 질서의 왜곡과 소수 재벌에게로의 부의 집중 현상에 대한 그의 비판은 여전히 의미가 있다. 삼성과 현대그룹 등 양대 재벌체제를 축으로 한국 경제의 수직계열화는 현재진행형일 뿐 아니라 상당한 미래에까지 영향을 줄 것이기 때문이다. 2015년 새정치민주연합에서 "맥주는 맛있게, 통신비는 부담없이, 차 수리는 저렴하게"라는 구호 아래 경쟁촉진 3법을 제안했던 것도 공정한 시장경쟁이

2010년대 한국 자본주의에서 의연히 살아 있는 중대과제임을 잘 보여준다. 이 대목에서 장하성 교수의 『한국 자본주의』 역시 우리 경제를 읽고 해법을 탐구하는 영향력 있는 저서로 살아 있을 수 있을 것이다.

김병권 사회혁신공간 데어 정책위원

우리만의 불평등 이론은 어디에

『자본주의는 미래가 있는가』
이매뉴얼 월러스틴 외 지음, 성백용 옮김, 창비, 2014

나는 불평등에 대해 잘 모른다. 불평등이란 것이 나타나는 다양한 팩트와 구조적 원인들은 전문 연구 영역이며 포괄적 탐색을 필요로 하기 때문이다. 다른 하나는 내가 비교적 중산층의 삶을 누리고 있기에 피부로 뭔가를 처절히 느끼지는 못하기 때문이다. 그런 처지에도 글을 쓰기로 결심한 것은 일개 출판인조차 불평등의 문제를 매우 중요한 주제로 생각한다는 점을 반증한다. 나를 포함한 많은 이가 '불평등'을 심각한 사회문제로 여긴다는 말과 다름 아니다.

알다시피 우리 사회의 중산층은 언제 붕괴될지 모른다. 이미 1퍼센트 대 99퍼센트의 사회가 나오는 지경이니 중산층은 사라졌는지도 모르겠다. 2014년 토마 피케티의 『21세기 자본』이 '불평등'은 자본주의에 내재한 구조의 결과이며, 향후에도 부의 분배가 최상위층에게 집중될 것이라 주장해 엄청난 호응을 불러일으킨 것도 이러한 이슈가 중산층 이하의 계층에게 폭넓은 공감을 얻었기 때문이다.

얼마 전에 나온 경제신문 기사를 보면 한국도 불평등의 거시구조가 통계로 입증되고 있다. 기사에는 "가계에 대한 소득분배율은 추세적으로 나빠지고 있다. 2000년 초에는 가계에 대한 소득분배율이 60% 초반이었고 1990년대에는 60% 중반이었다. 1980년대 초의 경우 70% 넘는 사례도 있었다. 반대로 법인의 소득분배율은 지난 1975년 8% 수준에 불과했던 것이 지난 2010년부터는 22%를 넘어설 정도로 가파른 증가를 보였다"고 나와 있다. 게다가 "한국의 노동소득분배율은 2012년 43.5% 수준으로 OECD에 자료를 제출한 32개 회원국 가운데는 24위에 그쳤다"고 한다(「우리 경제 낙수효과는 어떻게 허상이 됐나」, 〈파이낸셜뉴스〉, 2015년 3월 22일자). 낙수효과는 더 이상 정부나 기업의 정치적, 경제적 구호로 쓰일 수 없는 지경에 이르렀다.

자본주의는 끝내 붕괴할 것인가

여기에서는 『자본주의는 미래가 있는가』(이하 『자본주의』)를 매개로 불평등을 생각해보고자 한다. 앤서니 앳킨슨Anthony Atkinson의 『불평등을 넘어』(글항아리, 2015)라는 책의 내용도 일부 사용하려고 한다. 이매뉴얼 월러스틴Immanuel Maurice Wallerstein, 랜들 콜린스Randall Collins, 마이클 맨Michael Mann, 게오르기 데를루기안Georgi Derluguian, 크레이 그 캘훈Craig Calhoun 등 5명의 사회학자가 쓴 『자본주의』가 사회학적 관점에서 자본주의에 접근하고 있다면, 『불평등을 넘어』는 불평등 문제를 오래 연구한 경제학자가 쓴 책이기 때문에 양방향적 관찰이 이뤄질 수 있다는 생각에서다.

인간사회의 변천을 사회적 힘과 갈등의 작동으로 분석하는 '거시 역사사회학macrohisto-rical science'을 토대로 한 『자본주의』는 하나의 '체제'로서 자본주의의 현재를 조망하고자 한다. 제목에 이미 '자본주의'가 흔들리는 치아처럼 위태위태하다는 점이 전제되어 있다.

자본주의 체제는 여러 가지로 한계를 맞았다. 이 책에서는 여러 관점으로 그 점을 정리해주고 있다. 기존의 이윤 창출, 즉 핵심부에서 주변부로 산업을 재배치하면서 이윤이 만들어지는 과정은 세계 안의 주변부가 더 이상 남지 않게 되면서 한계에 부딪힌다. 1970년대 이래 가속화된 금융화를 통한 이윤 창출도 결국에는 모든 유효수요가 바닥을 드러내는 결과를 낳았다. 노동, 복지, 환경 등에서의 비용 상승이 생산자의 이윤추구를 점점 더 압박하며, 이로써 자본은 그동안 이뤄온 '끝없는 축적'을 지속하지 못하는 때에 이르게 된다. 월러스틴은 21세기 중엽이 그 시기라고 예측한다.

랜들 콜린스는 첨단기술에 의한 인간 노동의 대체 메커니즘을 날카롭게 파헤친다. 산업혁명 이래 기계화로 인한 인간노동의 대체는 계속 있어온 일이다. 그간에는 주로 3D 업종, 저임금 노동이 기계로 대체되어왔고, 그 대신 중산층의 일자리가 늘면서 충격을 누그러뜨리는 식이었다. 하지만 이제는 컴퓨터가 중간계급의 노동을 대체한다. 이처럼 자본주의의 위기관리 면에서 주요 역할을 맡아온 중간계급이 점차 하층민으로 전락하고 있다. 문제는 이 충격을 흡수할 여지가 없다는 것이다.

콜린스는 지난날 자본주의가 새로운 과학기술이 창출하는 새로운 일자리, 시장의 지리적 확산, 이윤을 고도화하는 메타 금융시장, 정부 고용과 정부 투자, 학력·자격 조건의 상승을 통해 노동의 기술적 대체로 인한 위기를 벗어났다고 지적한다. 하지만 이제 그 탈출로들은 모조리 봉쇄되었다는 게 그의 진단이다.

반면 마이클 맨과 크레이그 캘훈은 자본주의가 종말을 향한다고는 보지 않는다. 이들이 볼 때 자본주의는 경제체제일 뿐 아니라 법적·제도적 체제다. 이들은 자본주의 체제 스스로 위기를 초래하는 운동법칙에 따라 작동한다는 '내재적 요인설'을 부인한다.

맨은 현재의 위기는 글로벌 자본주의의 위기라기보다는 개개의 나라나 지역의 이데올로기·경제·군사·정치·권력관계에 따라 나타나는 지역적 위기라고 차등을 두는 입장이고, 오히려 핵전쟁과 기후변화가 20세기의 대형 전쟁들보다 더욱 근본적이고도 진정한 위기를 초래할 여지가 크다는 재앙 시나리오를 내세웠다. 캘훈은 1970년대부터의 금융화가 자본주의를 안정시키는 제도와 규제를 약화시켰지만, 이에 따른 파동과 불평등이 곧 자본주의의 붕괴를 가져오는 것은 아니라고 강조한다. 자본주의는 아직 흡수력이 있다는 것이다.

진단의 강도는 다르지만 대략 예상 가능한 것은 향후의 세계 시스템이 자본주의적 경향과 사회주의적 경향 사이에서 진동할 것이라는 점이다. 전면적인 반자본주의 운동이 선거를 통한 평화로운 제도혁명으로 나타나거나 혹은 파시즘적으로 나아갈 가능성이 있다. 환경까지 고려하면 자본주의가 나아가야 할 곳은 '저성장 체제'다. 현재의 자본주의는 분명 '착취하되 도전받지 않는' 측면이 강하다. 이 책의 저자들은 묻는다. "1퍼센트 성장률이 왜 자본주의의 위기여야 하는가" 하고 말이다.

게오르기 데를루기얀은 향후 벌어질 자본주의의 이행 내지 변형의 시나리오 앞에서 구소련과 중국의 사례를 보여준다. 한때 서구의 갈채를 받던 고르바초프의 개혁은 단숨에 국가를 기업으로, 국가관료를 기업가로 변신시키려는 무모한 시도 속에서 무참히 실패했다. 이에 비해 중국은 '징검다리 건너듯' 조심스럽게 실용주의 노선을 택했고, 경제의 성과를 바탕으로 집권당의 정치적 정당성을 확보할 수 있었다.

『자본주의』는 실패한 20세기 체제들의 교훈을 되새기면서도 사태를 낙관적으로 전망한다. 지금의 위기는 유토피아적 이념을 실현할 새로운 전기를 마련해주리라는 것이다.

이러한 분석과 결과는 사실 어느 정도 보편화된 인식에 가깝다. 즉, 누구나 그런 문제의식을 갖고 있거나 접하고 있다는 말이다. 그렇다면 나는 이러한 진단에 동의하는가? 그렇다. 나는 자본주의 내부에서 그 문제를 풀어나가는 게 바람직한 방향이라고 생각한다. 물론 자본주의의 '바깥'을 꿈꾸는 대안적 움직임 또한 비판적 효과로서 그 존재가치가 충분하지만 자본주의의 바깥이 도래할 것이라고는 생각하지 않는다. 그 이유는 자본주의가 누적적 체제라는 점에 있다. 인간이 수천 년을 살아오면서 지금의 상태에 다다른 것이 바로 지금의 체제라고 보기 때문에 그 누적의 층차를 고려하지 않고 다른 무엇을 이식하는 것은 자살행위에 가깝다고 생각한다.

불평등 지표가 증명하는 것들

자본주의가 일종의 도구라면 고쳐 써야 마땅할 것이다. 세상이 좀 더 평등한 쪽으로 말이다. 그러려면 현실이 투명하게 떠올라야 한다. 문제는 그게 쉽지 않다는 점이다. 피케티의 『21세기 자본』이 최고로 기여한 점은 "문제를 투명하게 만들었다"는 점이다. 도표와 그래프로 말이다. 앤서니 앳킨슨의 『불평등을 넘어』는 '불평등' 항목에 국한해 문제를 더욱 투명하게 풀어낸 책이다. 이 책의 가장 기본적인 전제는 "누가 얻고 누가 잃는가?"다. 이는 오늘날 미디어의 논의와 정책 토론에서 흔히 실종되는 질문이기도 하다.

구체적인 항목들을 살피기 전에 경제학이라는 학문에서 '불평등'의 문제가 어떻게 취급되고 있는가를 간단히 짚어볼 필요가 있다. 이 책엔 그와 관련된 인상적인 에피소드가 소개된다. 지금 가장 잘 팔리는 경제학 교과서들을 한 번 훑곳 보기만 해도 불평등에 관한 논의가 생산과 거시경제에 관한 핵심적인 장들과 계속 분리돼 있는 구조는 여전히 과거와 거의 같음을 알 수 있다. 예를 들어 그레고리 맨큐Gregory Mankiw 하버드대 교수가 집필한 『미시경제학 원리Principles of Microeconomics』에는 '소득 불평등과 빈곤'이라는 제목의 훌륭한 장이 있으나 이 장은 앞의 장들(그리고 이 책과 한 쌍이 되는 『거시경제학 원리Principles of Macroeconomics』)과 분리돼 있다. 아마도 이 점을 더 확실히 말해주는 것은 이 책을 압축한『맨큐의 핵심경제학Essentials of Economics』에서 불평등에 관한 장은 내용에서 빠졌다는 사실이다(다만 최근의 추세를 반영한 것인지 2015년에 나온 제7판은 '소득불평등과 빈곤'이라는 항목을 새롭게 추가한 점이 눈길을 끈다). 맨큐는 자신이 책에 포함될 내용을 선정하는 기준이 "학생들이 경제를 공부하는 데 흥미를 찾을 만한 내용"에 있다고 밝혔다. 불평등은 확실히 그 기준에 맞지 않는다는 것이다. 이는 분배 문제가 경제학자들에게 핵심적인 관심사가 아니라는 점을 시사한다.

실제로 어떤 경제학자들은 전문적으로 경제학을 하는 이들은 불평등에 관심을 가져서는 안 된다는 견해를 갖고 있다. 이에 대해 노벨경제학상 수상자인 로버트 루카스Robert Lucas 시카고대 교수가 다음과 같이 강력히 말한 바 있다. "건전한 경제학에 해를 끼치는 여러 경향 가운데 가장 유혹적이고, 내 생각에 가장 유독한 것은 분배 문제에 초점을 맞추는 것이다. (중략) 현재의 생산을 분배하는 다른 방식들을 찾음으로써 가난한 사람들의 삶을 향상시킬 수 있는 가능성은 생산 증대를 통해 얻을 수 있는 확실히 무한한 가능성과 비교할 것이 못 된다."

『불평등을 넘어』는 이러한 윽박지름이 환상에 근거한 무책임한 발언에 불과하다는 점을 다양한 데이터로 입증하고 있다. OECD 국가들 중 전부는 아니더라도 많은 나라에서 소득 불평등이 1980년대보다 높게 나타났다. 불평등이 더 커지는 쪽으로 되돌아가는 뚜렷한 "회귀"가 관찰된다. 영국과 미국은 불평등이 가장 크게 늘어난 나라들이다. 자본주의 선진국에서 불평등이 가장 크게 늘어났다는 것은 시사하는 바가 크다. 미국에서 빈곤율은 1960년대 후반까지 계속 떨어졌지만 그 이후 전반적인 빈곤율 개선은 거의 이뤄지지 않았으며 인구가 늘어남에 따라 빈곤층의 절대적인 숫자도 증가했다. 오늘날에는 약 4500만 명이 공식적인 빈곤선^{poverty} ^{line} 아래에 살고 있다.

이것은 미국과 영국이 떠오르는 국가들과의 경쟁에 치여 저성장에 허덕여서 벌어지는 일만은 아니다. 더 세부적으로 들어가 경제성장과 불평등 감소 사이에는 분명한 연결고리가 없다는 점도 보여준다. 즉 경제가 성장했을 '때만' 불평등이 감소한다는 증거가 없다. 불평등은 칠레, 파나마와 페루처럼 빠른 경제성장을 경험한 나라들에서 줄어들었으며 브라질과 멕시코처럼 저성장기를 경험한 곳에서도 줄어들었다. 불평등 감소와 정치 체제의 방향 사이에도 관련성이 없다. 불평등은 아르헨티나, 볼리비아, 칠레와 베네수엘라처럼 좌파 정권이 통치하는 나라들에서도 줄어들었고, 멕시코와 페루처럼 중도와 중도우파 정당이 집권한 나라들에서도 감소했다.

『자본주의』와 『불평등을 넘어』 두 책의 공통된 견해는 대략 1970~80년대를 기점으로 세계는 불평등한 쪽으로 향하고 있다는 점이다. 그리고 그러한 견해의 다양한 근거 자료들을 제시하고 있다. 하지만 그걸로는 부족하다. 우리에겐 훨씬 더 다양한 불평등의 증거와 지표들이 필요하다. 파편화된 증거는 경험적 이론으로 구조화되어야 한다. 냉철한 팩트 공유와 점진적 개선 논의만이 자본주의라는 도구를 더 쓸 만하게 고쳐나갈 수 있게 한다. 하지만 그 개선을 가능케 해줄 불평등 이론은 아직 우리의 '바깥'에 있다. 우리만의 불평등 이론이 절실히 필요한 시점이다.

강성민 글항아리 대표

피지배와 박탈의 구조를 해체하라!

『자본의 17가지 모순』
데이비드 하비 지음, 황성원 옮김, 동녘, 2014

데이비드 하비David Harvey는 독특한 학문적 배경을 가진 인물이다. 그는 마르크스 경제학의 대가로 알려져 있는데, 그의 연구 본령은 지리학이다. 뭔가 조합이 안 맞는 느낌이다. 그러나 그가 자본의 집중이 불평등의 지리적 배치를 규정하고, 도시라는 공간의 기획도 자본의 지배구조 안에서 이루어진다는 주장을 하는 순간, 그의 전공인 지리학과 마르크스적 자본 분석이 어떻게 결합되는지를 이내 이해할 수 있게 된다.

그의 책은 국내에서도 적지 않게 번역되어 있다. 『데이비드 하비의 맑스『자본』강의』(창비, 2011)를 비롯해서 최근의 『반란의 도시』(에이도스, 2014)에 이르기까지, 데이비드 하비의 저작은 현대

자본주의 체제에 대한 치밀한 분석과 비판 그리고 대안의 제시까지 포괄하는 것으로 정평이 나 있다. 이 글에서 다룰『자본의 17가지 모순』은 그러한 저작의 연장선에 있으면서도 이전과 구별되는 지점은 자본의 지배에 대한 반란과 투쟁의 의지가 확고히 드러나 있는 대목이다. 이 과정에서 그는 비폭력 절대주의를 고수하지 않는다. 그것은 프란츠 파농Frantz Fanon의 혁명노선과 궤를 같이 한다.

"파농은 묻는다. 식민자들이 자행하는 폭력이 시스템 전반에 구조화되어 있는 상황에서 어떻게 비폭력이 가능한가?"

그럼에도 불구하고 그는 폭력적 반란이 유일한 해답이라고 하는 것도 아니다. 그에게 중요한 것은 자본의 지배 자체가 폭력임을 고발하고, 이에 대체할 수 있는 혁명적 휴머니즘의 복원 또는 실현이 새로운 출발점이 될 수 있다는 것이다.

스스로 피지배 구조를 재생산하는 노동

그가 열거하고 분석한 17가지의 모순 전체를 여기서 되풀이 설명하는 것은 불필요하다. 이유는 직접 읽고 이해하는 "고투의 과정"을 통과하는 것이 옳기 때문이다. 그럼으로써 자본주의의 모순에 대한 정밀한 해부 능력을 갖출 수 있다. 사실 그의 분석과 설명은 그리 간단치 않다. 마르크스 이론의 기본 개념에 대한 이해가 충분히 준비되어 있지 않은 경우, 책장을 넘기는 일은 어려울 수 있다.

그러나 흔히 상상하는 자본주의의 모순에 대한 설명과는 그 각도가 사뭇 다르다. 자본과 노동의 모순이라든가, 독점과 경쟁의 모순 내지는 성장과 분배의 모순을 설명하는 식이 아니다. 그는 이 모순 분석에서 당연히 사용가치와 교환가치의 모순, 자본과 노동의 모순 등을 포함해서 사회적 재생산의 구조가 사적 소유의 대상으로 되는 문제, 자유와 지배라는 정치적 문제, 인간본성의 반란 등을 함께 다루고 있다. 이런 논의의 흐름은 결국, 혁명적 휴머니즘의 힘을 만들어가는 것으로 귀결된다.

그는 노동자가 자신의 생산활동을 기반으로 "피지배의 조건을 재생산"하고 있다고 지목하면서 이로써 자본이 자신의 사회적 권력을 만들어가는 과정이 달성되는 것을 가장 중요한 분석의 출발점으로 삼고 있다. 따라서 이러한 자본의 사회적 권력과 피지배의 조건을 전반적으로 해체하지 못하면, 노동은 끊임없이 자신의 권리를 박탈당하게 한다고 경고한다. 따라서 자본의 모순, 그 핵심은 노동자들이 자신을 가두어버리고 권리를 빼앗기는 시스템을 스스로의 노동을 통해 만들어가고 있는 현실이다. 노동자들이 자본과 국가의 요구에 순응할수록 그 자신은 날이 갈수록 자기 무덤을 파게 된다. 그 모순의 확산구조는 광범위하다.

"사용가치로서의 노동이 생산영역에서 획득한 것을 지주, 상인(가령 전화회사), 은행가 (가령 신용카드 요금), 변호사와 거간꾼들에게 다시 빼앗기고, 그 나머지 중 큰 덩어리는 세무당국에게 가게 되는 것이다. 주택의 경우처럼 의료, 교육, 상하수도, 기타 기본서비스들의 사유화와 상품화는 노동자가 재량으로 쓸 수 있는 소득을 감소시키고 가치를 재탈환하여 자본에게 갖다 바친다."

그러니 단지 자본과 노동의 직접적 관계에만 집중하는 방식으로는 노동의 피지배 구조와 박탈의 장치를 해체시킬 수 없다고 보는 것이다.

"따라서 값싸고 효과적인 주택, 교육, 보건, 사회 서비스에 대한 요구는 노동시장과 작업장 내 착취에 저항하는 투쟁만큼이나 계급투쟁에 중요한 의미를 가진다."

지배에 저항하는 자유의 투쟁

데이비드 하비의 이러한 시선과 주장은 우리에게 자본주의 문제에 대한 대응전략이 얼마나 폭넓게 일상의 현실을 담아내야 하는가를 일깨우고 있다. 노동이 자본과의 직접 투쟁에서 일정하게 이긴다고 해도, 자본의 사회적 권력이 구축해놓은 피지배 조건이 작동하면서 계급투쟁의 승리를 통해 획득한 권리가 눈에 보이지 않게 이리저리로 사라진다면? 그래서 결국 자본의 권력을 재강화하는 방향으로 가게 된다는 경고는 결코 가볍게 넘어갈 대목이 아니다.

실로 극소수의 자본계급이 자신의 특권을 국가의 내부에 장착하고, 그것을 합법적 폭력으로 구사하는 현실은 인간으로서 우리의 자유가 얼마나 제한당하고 있는가를 일깨워준다. 그런 까닭에 데이비드 하비는 지배에 저항하는 자유의 투쟁이 얼마나 중대한 선택과 실천인지를 강조한다. "자유"라는 말이 우리의 현실에서 자본주의 모순에 대한 반란과는 관련이 없는 것처럼 사용되고 있는 상황이지만, 이 자유의 확장이야말로 자본의 지배구조가 끊임없이 재생산하고 있는 폭력의 체제에 맞서는 힘인 것을 데이비드 하비는 반복해서 말하고 있다. 왜냐하면 아래와 같은 세계적 현실이 존재하고 있기 때문이다.

"세계 곳곳의 극소수 자본계급이 쥐고 있는 특권과 권력은 이 세상을 비슷한 방향으로 몰고 간다. 강화된 감시와 치안, 군사화된 폭력을 등에 업은 정치권력은 소모품으로 전락한 전 인구의 행복을 공격하는 데 사용된다. 우리는 자본주의 시스템이 사람들을 소모품처럼 쓰고 버리면서 인간성을 짓밟는 장면을 매일같이 목격한다. 냉혹한 소수집권층은 (점거운동 같은) 부자들을 비판하는 모든 정연한 정치운동들을 지체없이 방해하고 파편화시키며 억누르는 데 혈안이 된 전체주의적 민주주의를 통해 권력을 휘두르고 있다."

이것은 적나라한 폭력체제다. 뿐만이 아니다.

"대 테러 전에 혈안이 된 국가기구는 모든 적극적이고 조직된 반자본주의적 저항을 테러행위와 다르지 않다고 규정하고 감시와 통제, 징벌적인 입법 행위의 망을 급속하게 확산시키고 있다."

이런 상황에 대해 데이비드 하비는 파농의 말을 다시 인용한다.

"식민자들의 일은 피식민자들이 자유를 꿈꾸는 것마저 불가능하게 하는 것이다."

중요한 것은 전투의 의지다

따라서 데이비드 하비는 이들 소수의 특권 자본계급이 "이 세상의 고통을 유발한 책임자"라고 질타하면서, 우리가 자본과의 전투를 도처에서 벌여야 한다고 주장한다. 그래서 자본이 재생산되는 근본조건이 불평등임을 인식하고 이에 대해 다른 오해나 환상을 가지면 안 된다고 말한다. 그는 자본의 폭력적 지배에 대한 우리의 전투가 어떤 태도를 기본으로 삼아야 하는지에 관해 다음과 같이 언급하고 있다. 이 대목은 데이비드 하비의 저작 『반란의 도시』(한상연 옮김, 에이도스, 2014)의 내용에 대한, 그 자신의 인용이다.

"우리가 어떤 종류의 도시를 원하느냐의 문제는 우리가 어떤 종류의 인간이 되고 싶은지, 어떤 종류의 사회적 관계를 추구하는지, 자연과는 어떤 관계를 유지할 것인지, 어떤 생활스타일을 욕망하며 어떤 미학적 가치를 지킬 것인지의 문제와 떼려야 뗄 수 없는 관계에 있다."

여기서 도시는 우리의 미래와 바꿔 써도 되는 단어이다. 그 미래를 위해 우리는 "인간성이 재구축"되고 "인간됨의 의미가 근본적으로 바뀌어야" 한다는 것이다. 데이비드 하비는 이를 "혁명적 휴머니즘"이라고 부르고 있으며, 그로써 우리 모두가 새롭게 깨어나야 한다고 주장한다. 그렇다고 그가 추상적 구호에 머물고 있는 것은 아니다.

데이비드 하비는 만인에게 적절한 사용가치(주택, 교육, 식량 안보 등)를 직접 제공해줘야 하고, 최대한 공유 체제로 전환해야 하며, 일상생활의 속도를 늦추는 것은 물론이고, 능력이 아니라 필요에 따른 분배의 원칙을 관철해야 한다는 등의 정치적 실천의 목표와 내용을 제시하고 있다. 그럼에도 불구하고 그가 계속해서 강조하고 있는 것은 자본주의 체제에 대한 전투 의지다.

"이 모든 지향보다 중요한 것은 전체로서의 자본주의 내에 존재하는 모든 형태의 차별과 압제, 폭력적인 억압에 맞서 전투를 치르는 것이다. 마찬가지로 모든 투쟁보다 더 중요한 것은 자본과 그 모순에 맞선 투쟁이어야 한다. 이를 위해서는 이해관계들 간의 동맹이 분명 필요하다."

피케티가 『21세기 자본』을 통해 불평등의 대물림에 대해 비판함으로써 오늘날 사람들은 이미 자신이 경험하고 있는 부당함에 대해 학문적 응원을 받은 셈이 되었다. 그러나 그것으로 우리의 문제가 해결되는 것은 당연히 아닐 것이다. 우리의 삶과 우리 사회가 자본의 기획과 요구, 욕망에 의해 끊임없이 소모되는 동시에 합법화된 약탈 체제가 가동하는 것에 근본적인 제동을 걸지 못한다면, 우리는 인간으로서의 권리와 자유를 지속적으로 빼앗기고 결국 좌절하고 말 것이다.

자본계급이 주도하는 정치, 교육, 문화, 언론은 자본이 가하는 폭력과 모순에 눈뜨지 못하게 한다. 그런 의식과 의지를 말살하는 것이 이들의 목표다. 그 목표를 이루어내기 위해 자본의 폭력을 고발하고 이에 저항하는 것은 모두 불법행위로 규정한다. 이는 달리 말해, 우리의 삶 자체가 불법화되는 것을 의미한다.

어떻게 해야 할 것인가. 우리의 인간적 삶과 그 권리를 복원해야 한다. 이것이 바로 혁명이다. 죽느냐 사느냐, 그것이 문제다. 자본의 지배는 바로 이 질문에 우리가 봉착하게 한다. 자본의 폭력을 극복하지 못하면 죽어가는 속도의 차이만 있게 될 뿐이다.

먼저 할 일은 무엇인가. 자본의 폭력을 폭로하는 것이다. 그것은 우리가 무엇을 빼앗기며 살고 있는지 증언하는 일이다. 우리의 의식을 잠재우는 모든 것들과 맞서 발언하는 것이다. 그걸 위한 책들을 세상에 알리는 일이다. 『자본의 17가지 모순』과 같은 책을 도처에서 함께 읽고, 함께 논쟁하며, 함께 손을 잡고 광장으로 나서는 것이다.

인식과 감정의 혁명 없이 새로운 세상은 오지 않는다. 인간을 짓밟는 현실 앞에서 침묵하거나 행동하지 않는 사회는 새로운 미래를 거부하는 현장이 된다. 우리는 어떻게 해야 할 것인가. 답은 자명하지 않은가?

김민웅 경희대 후마니타스 칼리지 교수

역설로 가득 찬 세계

『거대한 역설』
필립 맥마이클 지음, 조효제 옮김, 교양인, 2013

『거대한 역설』. 책 제목이 흥미를 끌었다. 역설^{paradox}은 19세기 초반의 독일 철학자 헤겔^{Hegel}이 천착했던 주제이기도 하다. 헤겔의 여러 저작들에서 역설은 '제논의 역설$^{Zenon's\ paradoxes}$'과 같은 논리적 자가당착에 그치는 것이 아니라 역사 속에서 생생하게 살아 움직이는 현실적 실체로 이해되었다. 그리고 그러한 '역사의 변증법'을 헤겔로부터 계승받은 19세기 중반의 칼 마르크스에게 역설은 자본주의 경제체제의 내적 자기모순과 그 현실적 발전 과정을 보여주는 핵심 개념이었다. 또한 역설은 20세기 들어 발생한 세계대전과 대공황을 이해하는 데 있어 칼 폴라니가 (헤겔과 마르크스가 이해한 것과는 사뭇 다르지만) '시장과 사회의 이중 운동'이라는 개념으로 보여준 것이기도 하다.

　책의 저자인 필립 맥마이클^{Philip McMichael}이 『거대한 역설』에서 천착하는 주제는 개발 또는 경제 개발이 전 지구적 차원에서 전개하고 있는 다양한 역설이다. 근대, 즉 자본주의는 그 출발부터 세계화^{globalization}와 함께했다. 예컨대 유럽인들이 '과학과 합리성, 근대 문명의 승리'라고 환호했던 콜럼버스의 아메리카 대륙 발견이 중남미 원주민과 아마존 원시림에게는 노예화와 착취의 구렁텅이를 의미했던 것처럼 말이다.

전 지구적 관점에서 바라본 개발의 사회학

이 책은 개발^{development}이라는 이름으로 전 세계적 차원에서, 특히 가난한 개발도상국에서 벌어지는 거대한 역설을 다룬다. 물론 책의 본래 제목은 『개발과 사회변동^{Development and Social Change}』이고, 그것을 『거대한 역설』이라는 제목으로 바꾼 것은 번역자인 조효제 성공회대학 교수다. 책의 내용을 잘 살리면서 원제목의 딱딱한 느낌을 사라지게 하는 좋은 제목이라고 생각된다.

　2차대전 이후 우리나라를 포함한 개발도상국의 정치와 경제, 사회 분야에서 일어난 다양한 논쟁 전체를 관통하는 주제는 아마도 '개발'(경제개발, 경제성장을 포함한)일 것이다. 경제성장과 성장제일주의, 수출주도 공업화와 중화학공업화, 무역과 금융의 대외개방, 도시화와 농민들의 도시 이주, 국토의 불균형 성장, 빈부격차의 심화와 생태오염의 증가, 개발독재와 민주화, 재벌의 폐해와 경제민주화 등등 우리나라 사람들이 생각할 수 있는 거의 모든 정치적,

경제적 사안들이 '개발'의 관점에서 다루어질 수 있다. 이렇듯 개발이라는 주제는 개발도상국 사회의 모든 측면을 다루는 통합적 주제이기도 하다.

저자 맥마이클은 "왜 개발이 진행될수록 더욱 불평등해지는 역설이 발생하는가?"라는 주제를 놓고 이야기를 전개한다. 그는 추상적인 학술 용어와 이론 제시보다는 우리가 신문에서 늘상 접하는 역사적 사건들과 사례들을 묶어 하나의 커다란 스토리로, 즉 전 지구적 차원에서 벌어지는 역설과 모순으로 가득 찬 거대 서사로 제시하면서, 신자유주의 이후 지구의 미래에 대해 관심이 있는 사람이라면 누구나 쉽게 읽을 수 있는 책을 썼다. 이 책을 통해 독자들은 지난 200년간 아시아와 아메리카, 아프리카, 그리고 유럽 등 전 세계에서 벌어진 개발의 역사와 주요 이론, 논쟁의 흐름을 이해할 수 있을 것이다. 그런 점에서 지구화, 세계화와 경제 개발이라는 큰 주제에 대해 관심을 갖는 이들을 위한 포괄적 입문서라고 할 수 있다.

개발의 기원과 역사

책에서는 지난 200년간의 근현대 세계사를 식민지 지배의 시대(제국주의의 시대), 개발의 시대(발전국가 또는 국가주도 경제개발의 시대), 지구화의 시대(신자유주의와 시장만능의 시대), 지속가능성 시대(오늘날의 시대)로 나누어 살핀다.

저자는 먼저 개발의 역사적 기원이 영국 등 서방국들이 비서구권 국가들을 제국주의적으로 침략하여 식민지로 지배하기 시작하면서 진행된 것임을 상기시킨다. 개발은 선진적인 서구문명을 '미개한' 비서구민(조선인을 포함)들에게 전파하는 과정으로 이해되었다. 개발이라는 명목하에 자본주의와 시장경제가 이식되었고, 그 과정에서 전통적인 공동체의 삶과 생태친화적인 농경은 무자비하게 해체되었다. 이렇듯 식민지 통치 프로젝트로서 처음 등장한 '개발'은 종속과 지배의 불평등한 권력관계라는 태생적 특징을 지니고 있었다. 개발은 처음부터 경제를 넘어 정치와 권력의 문제였던 것이다(3장).

2차대전으로 유럽과 일본이 주도하는 제국주의적 식민지 시대는 끝났다. 식민지 국가들이 정치적 독립을 달성했고 동시에 시작된 미국과 소련 간의 냉전하에서 신생 민족국가들은 (특히 미국의 후원 하에) 이른바 '개발 프로젝트'를 시작한다. 저자가 말하는 '개발의 시대'(1940년대 후반~1970년대)가 열린 것이다.

개발의 시대에 처음 출현한 단어가 '개발도상국', 즉 '아직 개발 중에 있는 나라'라는 용어였다. 그리고 개발도상국에서 경제개발, 사회개발을 이끈 것은 시장market이 아니라 국가state였고, 그 국가를 이끈 사상은 '경제민족주의'였다. 학자들은 개발을 이끈 그 민족국가들을 개발국가 또는 발전국가developmental state라고 불렀다. 그런데 우리나라에서 이 시대를 이끈 개발국가는 박정희—전두환—노태우로 이어진 군정이었고, 따라서 우리나라에서 개발국가는 '개발독재'라 불렀다(4장).

개발독재를 통해 경제적으로 성공한 대표적인 나라가 한국과 대만, 싱가포르 등 동아시아의 호랑이들이다. 저자는 개발의 시대에 독특한 위치를 가지는 여러 성공 사례와 실패 사례를 분석하면서 그 사례들이 어떤 세계사적 의미를 가지는 보여준다. 우리는 흔히 '한강의 기적'이라 불리는 1960~70년대 한국의 경제개발이 냉전시기 미국에 의해 주도된 지구적 '개발 프로젝트'의 테두리 안에서 진행된 것이며, 또한 그것이 여러 가지 한국적 혹은 동아시아적 특질과 결합되면서 복합적으로 진행된 것임을 확인할 수 있다.

'개발의 시대'에 세계 자본주의 체제는 미국이 주도하는 브레턴우즈 기구들 즉 IMF(국제통화기금)와 세계은행, 그리고 GATT(관세와 무역에 관한 일반협정)에 의해 움직였다. 신생 민족국가의 경제개발을 '경제민족주의'와 그것을 실체화한 '개발국가'가 이끌었다 하더라도 그것이 반드시 미국의 이익에 반하는 것은 아니었다. 예컨대 미국은 한국산 수출품에 자국 시장을 개방해주었는데 또한 자국에 남아도는 잉여 농산물을 한국에 무상으로 공여했다. 한국 정부는 학생들에게 매일 미국산 밀가루로 만든 공짜 빵을 주었고 수많은 가정주부가 제빵 기술을 배웠다. 그것에 필요한 비용을 한국 정부는 미국의 식량 원조 프로그램의 하나인 '대충 자금counterpart funds'으로 충당했다. 그렇게 해서 미국의 다국적 농업기업들도 큰 이익을 얻었다.

이렇듯 소련과의 군사적 대결을 중시하던 미국으로서는 경제적 이익을 일정하게 개발도상국에 양보하더라도 큰 테두리에서는 국제적인 달러 패권을 유지할 수 있었고, 또한 미국계 다국적기업과 은행들이 개발도상국에서 다양한 사업을 벌일 수 있었다. 서방의 이권자들은 미소 간 냉전체제하에서도 서방의 경제적 우위를 지키고 또한 과거의 경제적 이권을 유지하는 수단으로 '개발' 담론을 활용했다. 저자가 강조하는 것처럼, 개발은 당시의 국제 정세와 국내 상황에 부응한 인위적인 노력이었고, 따라서 일종의 정치적 기획, 즉 '프로젝트'였던 것이다.

1980년대 초반 개발의 시대는 종말을 고하고, '지구화 프로젝트의 시대'가 전 지구적 차원에서 등장한다. 그것을 이끈 것은 영국의 마가렛 대처 수상, 미국의 레이건 대통령으로 대표되는 새로운 자유주의 사조, 즉 신자유주의의 등장이다. 미소 냉전 기간 중에 미국이 개발도상국에 보여준 아량의 정신은 사라졌고, 적나라한 자국 이기주의가 세계 질서를 지배하기 시작했다. WTO(세계무역기구)에 이어 워싱턴 컨센서스^{Washington Consensus}(1990년대 미국이 중남미 국가들에 제시했던 미국식 경제체제) 체제가 등장했다(5장). 지구화 프로젝트 역시 자연발생적인 것이 아니라 서구에 의해 잘 기획된 프로젝트였다.

지속가능성을 어떻게 이룰 것인가

이 책은 본래 1996년에 초판이 나왔고, 그때만 해도 지구화와 세계화가 절정에 이르던 시기였다. 하지만 2008년 말의 미국발 세계 금융위기는 지구화 시대에 조종을 울렸다. 지구화 프로젝트에 내재한 거대한 역설이 마침내 지구화 자체를 자기 무덤 속으로 떨어뜨린 것이다.

책의 8장과 9장은 2012년에 발간된 제5판에 추가된 것으로 보이는데, 저자는 지구화 시대의 종말에 이어지는 새로운 '지속가능성 프로젝트의 시대'에서는 경제적 지속가능성(금융위기 없는 경제적 안정)과 생태적 지속가능성이 중요하다고 말한다.

소련의 붕괴 이후 지속되던 미국의 일방적 지배는 글로벌 금융위기로 무너지고 있고 더구나 중국과 러시아, 브라질 등 브릭스(BRICS) 국가들이 부상하면서 서방의 패권적 경제 지배가 크게 흔들리고 있다. 신자유주의적 지구화가 야기한 경제 혼란과 빈부격차, 청년실업난은 '아랍의 봄'에서 표현된 식량위기로 나타났으며, 그것은 오늘날 중동 전역에서 반미, 반서방을 표방하는 폭력사태와 전쟁으로 이어지고 있다.

이 책의 큰 장점은 이렇듯 2000년대 들어 최근에 이르기까지 서구와 비서구권에서 일어난 일련의 세계사적 사건들에 관하여 상세하게 설명하면서, 그것을 새로운 미래 즉 '경제 개발에서 인간개발 및 생태친화적 개발로의 패러다임 전환'이라는 새로운 비전의 관점에서 보여준다는 것이다.

정승일 경제학자

5장
다른 세상은 가능한가

인간의 마음을 소중히 여겼던 경제학자

『경제학이 사람을 행복하게 할 수 있을까?』
우자와 히로후미 지음, 차경숙 옮김, 파라북스, 2015

『경제학이 사람을 행복하게 할 수 있을까?』는 일본의 경제학자 우자와 히로후미字沢弘文가 쓴 『경제학과 인간의 마음』(개정증보판, 2013)이란 책의 우리말 번역이다. 안타깝게도 이 책이 나온 지 1년 만에 우자와 교수는 86세를 일기로 세상을 떠났다. 우자와 교수의 이력은 다음과 같다. 1928년 돗토리 현 출생. 1951년 도쿄대학 이학부 수학과 졸업. 1950~60년대 미국의 존경받는 경제학자 케네스 애로우Kenneth Joseph Arrow의 초청을 받고 스탠퍼드대학에서 8년간 가르침, 그 뒤 버클리대학에서 1년, 시카고대학에서 6년간 교수 역임. 그 뒤 도쿄대학 경제학 교수 재직.

우자와는 경제성장론에서 유명한 '우자와 2부문 성장모델'을 내놓아 세계에 이름을 알렸다. 만일 일본인이 노벨경제학상을 받게 된다면 우자와가 1순위 후보가 될 것이라고 많은 경제학자들이 이야기하고 있었으나 그는 출세길이 보장되어 있는 시카고대학 교수직을 갑자기 포기하고 일본으로 돌아가버렸다. 미국의 월남전 개입에 항의하는 뜻으로 1968년에 시카고대학을 사임한 것이다. 그는 나중에 자신의 사임 이유를 이렇게 설명했다. 아시아 사람으로서 미국이 아시아의 약소국에 대해 정의롭지 못한 인종말살전쟁genocide을 벌이는 데 대해 도저히 참을 수 없었다고.

그는 주위에 유능하고 정의로운 젊은 학자들이 베트남전쟁 과정에서 양심의 가책을 느끼고 정신적으로 방황하거나 연구를 포기하거나 심지어 학교를 떠난 반면 별로 시원찮은 2류 학자들이 대학에 살아남는 행태를 이 책에서 비판적으로 묘사하고 있다. 이 에피소드만 보더라도 우자와는 정의롭고 양심적인 학자임을 알 수 있다.

일본에 돌아온 뒤에는 도쿄대학 경제학부 교수로 있으면서 우자와는 환경문제, 교육문제, 의료문제, 사회적 공통자본의 문제에 천착하여 수많은 연구업적을 내놓았다. 특히 『자동차의 사회적 비용』이란 저서는 일본 국민에게 깊은 인상을 남겼다. 일본 학사원 회원을 지냈고 문화공로자, 문화훈장을 수상했다. 우자와는 젊을 때부터 철저한 천황 비판자였는데 1983년 천황에게서 훈장을 받는 자리에서 술을 한 잔 얻어 마시면서 경제보다는 인간의 마음이 중요하다는 천황의 말에 감명을 받았고, 그것이 이 책을 쓰게 된 배경이 되었다고 말한다.

또한 우자와 교수는 1991년에 교황 요한 바오로 2세가 '레룸노바룸Rerum Novarum'(1891년에 교황 레오 13세가 발표한 사회문제에 관한 회칙) 발표 100주년을 기념하는 새로운 회칙을 발표할 때 교황의 초청을 받고 자문해준 이야기도 하고 있다. 1891년 당시 회칙의 주제가 '자본주의의 폐해와 사회주의의 환상'이었는데, 이 회칙은 19세기 말 자본주의 체제가 직면한 여러 문제점에 대해 비판적인 인식을 보이면서도 동시에 그 해답을 당시 발호하는 사회주의 사상에서 찾아서는 안 된다는 경고가 주요 내용이었다. 그런데 100년이 지난 1991년 새 회칙의 주제는 '사회주의의 폐해와 자본주의의 환상'으로 하는 게 좋겠다는 우자와 교수의 의견이 채택됐다고 한다. 100년을 사이에 두고 세상이 그만큼 많이 바뀌었음을 말해주는 에피소드라 하겠다.

인간을 위한 경제학 vs 시장만능주의 경제학

우자와는 케인스John Maynard Keynes의 수제자로 자타가 공인하는 걸출한 이단의 경제학자 조안 로빈슨Joan Robinson 여사와 가깝게 지냈고, 그녀의 책을 일본어로 번역하기도 했다. 우자와도 로빈슨 여사 못지않게 기인의 소질이 농후했다. 도쿄대학에서 가르쳤던 안병직 교수의 회고에 의하면 우자와 교수는 가끔 시부야의 자택에서 도쿄대학까지 6킬로미터를 마라톤으로 출근하기도 했다는데, 학교에 나오자마자 땀을 씻어야 한다면서 바로 집으로 퇴근하는 재미있는 사람이었다고 한다.

우자와의 저서로는 『자동차의 사회적 비용』, 『공공경제학을 구하여』, 『일본의 교육을 생각한다』, 『지구온난화의 경제학』, 『사회적 공통자본』 등이 있다. 『경제학이 사람을 행복하게 할 수 있을까?』라는 책의 제목을 보면 단박에 알 수 있는 것은 이 책의 추천사를 쓴 이케가미 아키라 교수가 말하듯 우자와의 경제학은 시종일관 인간을 위한 경제학이었다는 사실이다.

이 책의 주요 내용은 경제학이 인간을 위한 경제학이어야 한다는 점을 강조하는 것이다. 인간을 위한 경제학의 대척점에는 시카고대학의 밀턴 프리드먼Milton Friedman의 시장만능주의 경제학이 있다. 2차대전이 끝날 무렵 스위스의 몽 펠르랭에서 프리드리히 하이에크Friedrich August von Hayek와 시카고대학의 프랭크 나이트Frank Hyneman Knight가 우연히 만나 전쟁 뒤에는 인간의 자유를 억압하는 전체주의(파시즘이나 공산주의)가 더 이상 있어서는 안 되겠다는 뜻에서 인간의 자유를 옹호하는 학자들의 모임을 만들었는데, 그것이 바로 '몽펠르랭협회Mont Pelerin Society'다. 이들의 주장은 자유주의 경제학이라 할 수 있다. 그와는 달리 밀턴 프리드먼의 경제학은 훨씬 더 극단적 우파로 간 것으로서, 인간보다는 기업의 자유로운 활동, 즉 돈벌이를 더 우위에 두는 반인간적 입장이다.

우자와는 밀턴 프리드먼이 1964년 미국 대선에서 공화당 후보 골드워터의 경제참모 노릇을 하면서 베트남전쟁에 수소폭탄이라도 터뜨려야 한다고 주장할 정도로 극단적 우익이며, 반인간적인 학자임을 비판하고 있다. 그 반면 시카고대학을 대표하는 경제학자였던 프랭크 나이트는 미국이 일본에 원자탄을 터뜨린 것을 반인류적 범죄로 규탄하고 일본인 소녀를 양녀로 맞을 정도로 양심적인 인물이었다는 이야기를 책에서 하고 있다. 나이트는 두 명의 제자, 밀턴 프리드먼과 조지 스티글러^{George Joseph Stigler}(둘 다 나중에 노벨경제학상을 받았다)의 언동에 문제가 있다면서 앞으로는 내 제자라고 말하고 다니지 말라고 사실상 파문 선언을 했다고 한다. 프리드먼은 한때 시카고대학 안에서도 극단적 소수파에 불과했다고 하는데, 야금야금 세력을 키워 나중에는 시카고대학 경제학과를 대표하는 인물이 됐으니 프랭크 나이트가 지하에서 알면 크게 통탄할 것이다.

우자와의 경제학은 밀턴 프리드먼의 시장만능주의와는 대척점에 있다. 그는 만년에 '사회적 공통자본^{social common capital}'이란 개념을 발전시키는 데 전력을 기울였고 도쿄대학을 정년퇴임한 뒤에는 교토에 있는 도시샤대학(윤동주, 정지용 시인이 공부한 대학)으로 옮겨 이 연구를 계속했다.

우자와의 사회적 공통자본은 자연자원, 사회인프라, 그리고 제도적 자본으로 구성된다. 자연자원은 석유, 석탄, 공기, 물 등 자연환경을 의미하며, 사회인프라는 도로, 교량, 철도, 댐 등 사회간접자본을 말한다. 제도적 자본이란 교육, 의료, 금융, 사법, 행정 등 사회를 움직여나가는 기본적 제도를 뜻한다. 그는 이런 자본들이 사회공통으로 관리되어야 인간을 위해 최적으로 사용될 수 있음을 강조했다. 이런 인식 위에서 자동차의 사회적 비용을 비판하고, 지구온난화라는 재앙을 막을 방도를 찾았으며, 도시의 과잉개발을 비판했고, 일본 교육의 황폐화를 걱정했으니 그 사고의 폭은 넓고도 깊었다.

특히 일본 교육에 대해서는 19세기말 개화사상가 후쿠자와 유키치福澤諭吉가 미국에 다녀와서 존 듀이John Dewey의 교육철학에 매료되어 게이오대학을 창설했다는 사실을 이야기하는데, 정작 일본 교육의 정신은 존 듀이의 사상과는 거리가 멀다고 일갈한다. 우자와는 19세기 천황의 '교육칙어'에서나 2차대전 이후 미국 점령 당국이 정립한 새로운 교육철학도 그러했지만, 일본의 교육철학은 항상 철저히 관료주도적이어서 인간성을 계발할 수 없다는 점을 개탄하고 있다.

우자와가 말하는 사회적 공통자본은 대단히 폭이 넓어서 인간이 살아가는 데 필요한 거의 모든 중요한 요소(자연, 설비, 제도)를 망라하고 있다. 그는 사회적 공통자본이 인간에게 유익한 역할을 하도록 만들려면 결코 시장에 맡겨서는 안 되고, 인간이 적절한 제도적 장치를 갖고 관리해야 함을 역설하고 있다.

이런 점에서 우자와의 경제사상은 밀턴 프리드먼의 시장만능주의와는 정반대의 위치에 놓여 있다. 지금까지 노벨경제학상이 압도적으로 시카고학파, 밀턴 프리드먼의 후계자들에게 주어지고 우자와 같은 훌륭한 경제사상가에게 주어지지 않은 점은 지극히 개탄스럽다. 혹자는 시카고학파의 경제학은 경제학이 아니라 경제신학(시장에 대한 무조건적 신앙)이라고 혹평하는데, 전적으로 옳은 말이라고 하겠다.

우자와 교수의 추억

우자와 교수와 필자의 개인적 인연을 소개하고 글을 마치고자 한다. 필자는 한국에서 대학원을 다닐 때 우자와의 '2부문 성장모델' 논문을 읽고 수학모델을 잘 만드는 일본인 학자가 있구나 정도로 생각하고 있었다. 그 뒤 하버드대학 유학 시절 데일 조르겐슨Dale Jorgenson 교수가 우자와 교수를 초청해서 세미나를 열기에 참석해서 들었다. 이때 조르겐슨 교수는 우자와 교수를 소개하며 칼 마르크스처럼 생겼다고 해서 모두 웃었다. 그 후 1990년대 말쯤 되지 싶은데, 우자와 교수가 전남대에 와서 강연을 했는데, 이채언 교수가 경북대에서도 한 번 강연을 하면 어떻겠느냐고 연락이 와서 불감청고소원이라 경북대에서도 강연회를 가졌고, 강연 뒤 식사를 하면서 이런저런 이야기를 주고받은 적이 있다.

2008년 미국발 금융위기가 왔을 때에는 한겨레신문사에서 경제위기를 진단하는 '세계 석학과의 대담' 시리즈를 기획하면서 우자와 인터뷰를 필자에게 부탁하기에 2009년 1월 도쿄의 시부야에 있는 우자와 교수의 자택을 방문해서 대화를 나누었다. 원래 2~3시간 인터뷰하기로 약속을 하고 오후 2시에 갔는데, 우자와 교수가 신이 나서 시카고대학 시절 에피소드 등 온갖 비화를 털어놓는 바람에 밤 10시가 돼서야 인터뷰가 끝났다.

그날 대화에서 가장 기억에 남는 것은 원래 도쿄대 수학과를 졸업한 청년 우자와가 경제학으로 전공을 바꾼 두 가지 이유다. 하나는 유명한 사회주의 경제학자 가와가미 하지메河上肇가 쓴 『빈곤 이야기』를 읽고 감명받은 점, 또 하나는 구제고舊帝高를 다닐 때 한국과 중국 유학생들의 영향 때문이었다고 한다. 이들은 식민지, 약소국에서 왔기 때문에 진보적 생각을 가지고 있었다. 특히 신의주 출신의 마쓰다^{松田}란 이름을 가진 한국 유학생은 럭비도 아주 잘했고 (우자와도 럭비부원이었다), 배울 게 많은 친구였다고 회고했다. 그리고 자신의 고향 돗토리^{鳥取}의 발음이 한국에서도 '도토리'인 걸로 봐서 자기는 한국과 인연이 많은 것 같다면서 한국에 대한 사랑을 표시했다.

사회적 정의감과 약자에 대한 정열이 넘쳤던 위대한 경제학자의 풍모를 더 이상 볼 수 없음이 참으로 아쉽다.

이정우 경북대 경제통상학부 교수

실현 가능한 유토피아인가, 몽상가들의 백일몽인가

『조건 없이 기본소득』
바티스티 밀롱도 지음, 권효정 옮김, 바다출판사, 2014

〈위키백과〉에는 기본소득에 대해 "재산이나 소득의 많고 적음, 노동 여부나 노동 의사와 상관없이 개별적으로 모든 사회 구성원에게 균등하게 지급되는 소득"이라고 나와 있다. 벌써부터 의문점과 반론이 부글부글 끓기 시작한다. 도대체 모든 국민에게 일정액을 일괄적으로 지급할 재원은 어디서 마련할 것인가. 사람들이 공짜 돈에 맛 들여 일을 안 하면 결국 사회는 활력을 잃고 망하지 않겠는가. 도대체 이것을 실현이 가능한 정책이라고 할 수 있는가? 그저 유토피아를 추구하는 몽상가의 허언 아닌가?

하지만, 한편으로는 2013년에 유럽의 부자나라 스위스에서 기본소득 정책을 지지하는 시민들이 12만 6000명의 서명을 받아내

조만간 기본소득 도입을 위한 헌법 개정 여부를 묻는 국민투표를 실시한다고 한다. 2016년에는 제16회 기본소득 지구네트워크 세계대회 개최지로 대한민국 서울이 선정됐다. 그것 참 몽상가의 허언만으로 치부할 수도 없는 형편이다.

『조건 없이 기본소득』은 기본소득 정책을 지지하는 바티스트 밀롱도Baptiste Mylondo라는 프랑스인이 쓴 책인데, 이 사람 무척 '쎄다'. 느닷없이 기본소득은 '이중의 의미'에서 무조건적으로 줘야 한단다. 첫째 의미는, 아무 대가도 바라지 말고 그러니까 공공근로 같은 것 시키지 말고 그냥 주라는 얘기다. 둘째 의미는, 가난한 사람만 주지 말고 부자도 주고 그야말로 아무나 다 주라는 얘기다. 기본소득은 이렇게 '이중의 무조건성'이 중요하단다. 도대체가 자세한 설명을 듣기 전에는 받아들이기 힘든 얘기들이다.

아무런 대가도 바라지 않고 그냥 줘라

우선 아무런 대가를 요구하지 않고, 그러니까 공공근로 같은 것도 시키지 말고 그냥 주라는 얘기부터 살펴보자. 기본소득의 재원이란 결국 해당 나라의 국민들이 낸 세금에서 나오는 것일 텐데, 왜 성실한 노동자가 낸 세금으로 행복한 백수의 취미생활 자금을 대야 하느냐며 바로 욕부터 나오는 사람들도 있을 것이다. 하지만 우선 화를 내기 전에 저자가 하는 얘기를 차분하게 들어보는 것도 나쁘지 않을 듯하다.

스위스와 독일에서 제작된 다큐멘터리 〈기본소득〉에서 '만일 더는 돈이 필요하지 않은데도 당신은 일을 계속하겠느냐'는 질문을 던졌는데 응답자 중 약 60퍼센트는 기본소득이 지급돼도 변함없이 지금 하는 일을 계속 하겠다고 말했고, 30퍼센트는 현재의 일을 유지하되 노동시간을 줄이거나 다른 일을 하겠다고 응답했다. 오직 10퍼센트만이 일을 당장, 완전히 그만두겠다고 말했다. 그런데 흥미로운 것은 응답자들에게 이런 상황에서 다른 사람들은 어떻게 반응할 것 같은지 묻자 80퍼센트가 다른 사람들은 바로 일을 그만둬버릴 것이라고 대답했다.

2004년 루뱅카톨릭대 사회학자 악셀 마르크스와 한스 피터는 기본소득 도입과 노동시간 간의 문제를 연구했다. 연구 대상자는 벨기에의 한 TV쇼 게임에서 우승한 이들이다. 이 게임 우승자들은 로또에 당첨되었을 때처럼 한꺼번에 거액을 받는 것이 아니라 평생 동안 매달 일정액을 받는다. 기본소득과 비슷하다. 두 학자는 이 '새로운 소득'이 우승자들의 노동량에 어떤 영향을 끼치는지 연구하기 시작했다.

실험 대상 84명 중 66명은 우승하기 전에 이미 직업이 있었다. 이 중 우승한 후에도 일을 계속하고 있다고 응답한 사람은 61명이었다. 일을 그만둔 5명 중 1명만 일을 그만둔 이유가 상금 때문이라고 답했다. 이 예를 보더라도 기본소득이 지급된다고 해서 일부 사람들이 우려하듯이 노동시장에서 노동자가 대거 이탈할 것으로는 보이지는 않는다.

일은 그만두지 않더라도 노동시간은 크게 줄이지 않았겠느냐고 예상할 수도 있겠다. 그러나 연구 결과는 놀라웠다. 일을 완전히 그만둔 5명을 제외한 61명 가운데 5명만 노동시간을 줄였고, 이들

중 4명만 상금이 생겨 노동시간을 줄인 것이라 응답했다. 이처럼 일과 연관이 없는 소득은 대부분 우승자의 노동량에 별 영향을 미치지 않았다.

백 번 양보해서 기본소득으로 인해 근로의욕이 크게 떨어진다고 치자. 하지만 저자는 기본소득 때문에 근로의욕이 크게 떨어지는 것이 도대체 무슨 큰 문제냐고 되묻는다. 오히려 기본소득으로 인한 노동시간 단축으로 일자리가 더 창출될 수도 있다. 기본소득 덕에 일하기 싫은 사람들은 당당하게 그들의 일자리를 떠날 수 있고, 반대로 일하고자 하는 이들은 좀 더 쉽게 일자리를 구할 수 있게 된다.

설사 근로의욕이 떨어져서 경제가 활력을 잃게 되는 상황이 온다고 하더라도 문제가 될 게 없다고 본다. 생산성 상승이 언제나 사회를 더 행복하게 하는 것은 아니기 때문이다. 1972년에 미국 경제학자 리처드 이스털린Richard Easterlin은 1945~70년 사이에 지속적으로 경제가 성장했는데도 행복지수는 올라가지 않았음을 지적했다. 또한 물질적으로 부유한 사회가 생활수준이 낮은 사회보다 반드시 더 행복하다고도 말할 수 없다. 이탈리아인들의 행복지수는 10점 만점에 6.3점인데 GDP가 이탈리아의 절반에 불과한 슬로베니아, 헝가리와 점수가 같다. 심지어 이탈리아보다 GDP가 훨씬 낮은 폴란드는 행복지수 6.7점으로 더 높다. 1인당 GDP가 2만 유로인 키프로스(7.9점)가 3만 유로가 넘는 프랑스(7.1점)보다 훨씬 더 행복하다. 그러므로 덜 소유하고도 더 행복할 수 있다. 생태적 관점에서만 봐도, 현대 사회는 너무 많이 생산하고 소비하고 있다.

　돈을 벌어주는 활동만이 사회적으로 가치가 있는 활동인 것도 아니다. 내가 사랑하는 누군가를 위해 여유롭게 노래를 불러줄 수 있다면 그것도 '사회적 부'를 창출하는 활동이다. 저자는 개인이 선택한 모든 활동이 결국 사회적 부를 창출하는 데 기여한다고 말한다. 기본소득의 목적은 모든 사람이 향후 사회적 부(돈만이 아닌)를 창출할 수 있도록 더 나은 환경을 만들어주기 위해 충분한 삶의 수준을 보장해주는 것이라고 역설한다.

빈자, 부자 가리지 말고 아무나 다 줘라

'이중의 의미'에서 두 번째는, 가난한 사람만 주지 말고 부자도 주고 그야말로 아무나 다 주라는 얘기였다. 여러 가지 까다로운 조건을 내걸게 되면 빈곤으로부터 사람들을 보호하려 시행한 제도가 도리어 많은 이를 배제하기 때문이다. 만약 기본소득을 빈자에게만 준다면 수령자는 가난한 사람으로 낙인이 찍히게 된다. 그래서 대상자인데도 심사 창구 앞에서 모욕을 당하는 것이 불쾌해 신청을 포기할 수도 있다. 기본소득 수령에 여러 조건이 달리면 해당 조건을 심사하는 행정 비용이 증가하고 수령자 역시 까다로운 조건을 일일이 거쳐야 하므로 심리적 비용이 증가한다. 이렇게 파생되는 비용들 또한 비효율적이며 만만치 않다. 때문에 오히려 무조건적으로 지급하는 것이 더 '효율적'이라고 주장한다.

　기본소득에서 가장 논쟁이 되는 문제 중 하나가 바로 재원 마련이다. 하지만 기본소득 지지자들 사이에서 일어나는 논쟁은 좀 결이 다르다. 재원 마련의 가능성 여부가 문제가 아니라, 가능하다고 여겨지는 여러 가지 방법 중에서 어떤 것을 선택해야 하는가의 문제라는 것이다. 가장 폭넓은 지지를 받는 방법은 세금을 늘리지 않고 기존의 정부예산을 재분배해서 기본소득 재원을 마련하는 안이다. 기존의 낭비적이고 비효율적인 행정비용을 초래하는 일부 복지제도를 기본소득으로 통합해서 운영하면 가능하다. 정부가 화폐를 추가로 발행해서 재원을 충당하는 것도 가능하다. 화폐를 추가로 발행했으니 국민들에게 따로 세금을 거둘 필요가 없다. 아니면 토빈세나 탄소세 및 초고소득자에 대한 과세를 통해 재원을 마련할 수도 있으며 부가가치세나 소득세 같은 직접 및 간접세를 통해 재원을 마련하는 방법도 있다. 한마디로 의지만 있다면 재원은 어떻게든 마련할 수 있다는 것이다.

기본소득의 재원 마련 문제를 사회적 '비용'이라는 관점에서 접근하면 안 된다. 기본소득은 단순히 공동체에 비용만을 초래하는 것이 아니라 더 많은 이익, 예를 들어 노동시간 단축과 일자리 나누기, 다양한 여가활동과 삶의 여유 등을 가져오기 때문이다. 기본소득은 사라지는 소비가 아니라 실제로는 사회적 투자이며, 사회와 개인의 삶을 더욱 윤택하게 만들고 사회의 변화를 초래한다는 것이다. 인간은 자본주의 시스템의 이윤추구를 위한 생산과 소비에 길들여지기 위해 존재하는 것이 아니며, 기본소득을 통해 비인간적이고 이윤추구에만 맹목적인 자본주의 사회를 극복하는 단초를 마련할 수 있다고 저자들은 말한다.

자본주의에 대한 비판과 기본소득 지지는 공존할 수 있는가

나는 개인적으로 기본소득이라는 정책이 존재한다는 것을 알게 된 시점부터, 그 취지와 좋은 의도는 존중하나 의구심을 가졌던 지점이 있다. 기본소득은 좀 거칠게 얘기하자면, 복지혜택을 현금으로 주는 것이라 할 수 있다. 그런데 돈으로 복지혜택을 주게 되면 이것은 자본주의 시스템에서 시장경제 영역을 더욱 확장시키는 결과를 초래하는 것은 아닌가? 왜냐면 자신이 받은 기본소득으로 뭔가를 해결한다는 것은 시장에서 뭔가를 구매한다는 것을 의미하기 때문이다. 그런데 진보의 방향이란 시장의 확대라기보다는 시장의 바깥, 즉 공공영역을 확대하는 것 아니겠나. 그런 관점에서 봤을 때 기본소득은 태생적 한계를 이미 내포하고 있다는 느낌을 강하게 받았다.

하지만 저자는, 공공복지를 현물로 지급하는 것보다 기본소득처럼 현금으로 지급하는 것이 과소비를 줄이는 데 효과가 있다고 말한다. 무상의 현물로 지급하면 덜 쓰는 것이 손해라는 생각에 소비가 늘어나지만, 현금으로 지급하면 개인들이 해당서비스를 꼭 필요한 양만 소비하기 때문에 무분별한 소비를 줄이는 효과가 있다. 그리고 각 개인들이 현금으로 필요한 서비스를 자유롭게 구매할 수 있기 때문에 개인의 취향이나 기호의 다양성을 더 잘 반영할 수 있다고 본다. 그럼에도 저자는 기본소득을 주창하는 사람들도 어쨌든 화폐에 대한 비판은 귀 기울여 들어야 한다고 강조한다. 이것은 자본주의에 대한 근본적인 비판이기 때문이다. 이런 비판은 기본소득의 영역을 한참 벗어난 정치적 담론이지만, 기본소득을 논의할 때 함께 생각해봐야 할 주제라고 언급한다.

기본적으로 저자는 프랑스에서 기본소득 정책을 실현하기 위해 노력하는 사람이기 때문에, 시종일관 기본소득에 대해 우호적이며 비판에 대해서는 매우 방어적이다. 그럼에도 불구하고 이 작은 책자는 독자에게 '기본소득'을 주장하는 사람들이 어떤 구상과 계획을 가지고 있는지 실천적이고 생생하게 알 수 있게 해준다는 점에서 의미가 있다.

임승수 작가

썩지 않고 증식하는 이상한 돈

『시골 빵집에서 자본론을 굽다』
와타나베 이타루 지음, 정문주 옮김, 더숲, 2014

지난 몇 년 동안 내가 운영하고 있는 헌책방에서 이른바 '마르크 스주의Marxism'에 관련된 책은 꾸준히 판매량이 늘고 있는 추세다. 헌책방의 특성상 영업이나 마케팅 등 외부에서 들어오는 힘이 거의 없으니 어떤 분야의 책이 많이 팔리면 그걸 통해서 어느 정도 사회 분위기를 짐작해볼 수 있다. 마르크스는 확실히 살기 편안할 때 잘 팔리는 책은 아니다. 힘들고, 뒤틀려 있고, 부조리하고, 억압 받는다는 생각이 들 때 사람들은 마르크스를 찾아 읽는다.

지금이 그런 때일까? 급기야 얼마 전에는 아예 맑시즘에 관한 책만 따로 모아서 커다란 책장 하나를 마련해두었을 정도다. 가끔 은 손님 중에 『자본론』 독일어 원서를 찾는 사람도 있다. 다른 곳에서 직원으로 일한 것까지 합치면 10년 동안 헌책방 일을 해왔는데 전문 연구자가 아닌 사람이 그 책 원서를 찾는 일은 지금껏 한 번도 만나지 못했다.

비단 헌책방의 사정만 그런 것은 아닌 것 같다. 시내 대형서점에 나가보면 『자본론』에 관한 책들이 부쩍 눈에 많이 들어온다. 왜 사람들은 150년 전에 쓰인 이 책에 또다시 관심을 보이는 것일까? 어려운 말을 갖다 붙이자면 여러 이유가 있겠지만 한마디로 말하면 바로 이것이 아닐까? "세상은 지금 뭔가 문제가 있다."

모든 문제는 돈 때문이다

맞다. 나는 사회학자가 아니기 때문에 따로 그런 것을 연구하는 건 아니지만, 지금 이 세상이 잘못 됐다는 것만큼은 확실히 느낀다. 다른 거 볼 필요 없이 내가 8년 전부터 동네 골목에 위치한 건물 지하에서 운영하고 있는 헌책방만 하더라도 그렇다. 시작할 때 이곳의 임대료는 40만 원이었다. 처음엔 고생하겠지만 몇 년 성실하게 한자리에서 일하면 한 달에 40만 원은 낼 수 있겠다는 판단이 들었다. 그리고 실제로 그렇게 됐다. 3년 정도 지나자 손익분기가 넘어갔다. 더도 덜도 말고 딱 그 수준까지만 벌면서 나머지는 내 삶에 투자하는, 건강한 생활을 하고 싶었다. 하지만 그게 꿈같은 소리라는 걸 체감하기까지는 얼마 걸리지 않았다. 임대료가 올랐다. 40만 원이 50만 원이 되고, 또 그 후에는 60만 원이 됐다. 그리고 또 올해 다시……. 하는 수 없이 임대료 수준에 맞춰서 노동 강도를 높여야 했다.

나는 애초에 헌책방해서 떼돈을 벌어보겠다는 목표 따위는 없었고 지금도 마찬가지다. 그 대신 내 몸과 마음의 리듬에 맞춰 적당히 일하고 건강한 상태로 살고 싶다. 하지만 헌책방 유지비용은 내가 필요한 만큼보다 늘 조금 더 많은 돈을 요구한다. 그러니 이제는 내 생활에 필요한 만큼 돈을 번다기보다 건물 주인의 요구를 맞추기 위해 일을 하고 있는 실정이다. 이 얼마나 부조리한 상황인가. 결국 얼마 전, 임대료가 좀더 싼 곳으로 헌책방을 이전하기로 결정했다. 하지만 그곳 건물주도 대단한 독지가가 아닌 이상 임대료를 올릴 것은 분명하다. 그 시점이 언제가 되느냐가 문제일 뿐이다. 그때 또다시 헌책방을 다른 곳으로 옮겨야 하는지에 대해서는 아직 생각조차 해보지 못했다.

넋두리를 할 생각은 없다. 따지고 보면 이건 누구나 다 겪는 일이기 때문이다. 심지어 요즘엔 돈을 많이 갖고 있는 사람도 힘들긴 마찬가지라고 한다. 장담할 수는 없지만 이건희 같은 부자도 삶이 즐겁고 편안하지만은 않을 것이다. 세상은 점점 발전한다고 하던데 도대체 무엇이 사람들 거의 전부를 이렇게 힘들게 하는 것일까? 나는 오래전부터 그 이유가 '돈' 때문이라고 믿어왔다.

산업혁명 이후 자본주의의 등장은 거의 필연에 가깝다고 할 만하다. 그리고 '돈'이라고 불리는 사악한 녀석이 스멀스멀 기어 나와 사람들 사이를 기어 다니기 시작했다. 물론 돈은 오래전부터 있어왔다. 다만 그때까지는 녀석이 주인공이 아니었을 뿐이다. 이제 돈은 사람들이 사용하는 교환수단이 아니라 사람을 갖고 노는 주인 행세를 하고 있다. 돈이 주인이 된 이상 그 어떤 사회 시스템도 제대로 작동하기는 어렵다. 왜냐하면 썩지 않고 증식하는 돈의 이상한 특성 때문이다.

썩지 않고 증식하는 돈? 사람들에게 이런 말을 하면 그게 도대체 무슨 소리냐며 반문을 한다. 그동안 이런 대화를 하게 되면 딱히 설명할 길이 없어서 막막했다. 나조차도 제대로 이해하지 못한 어려운 경제학 개념들을 꺼내 들 수도 없는 노릇이었다. 그런데 최근에 나온 반가운 책 한 권 때문에 사람들하고 좀 더 쉽게 『자본론』과 마르크스에 대해서 이야기 나눌 수 있게 됐다.

돈을 쓰는 방식이 사회를 만든다

일본의 한 시골마을에서 빵집을 운영하는 와타나베 이타루^{渡邉格}씨는 『시골빵집에서 자본론을 굽다』라는 책을 썼다. 빵과 마르크스라니, 상관없는 것 같으면서도 오묘하게 어울린다. 빵은 바로 노동자들의 일용할 양식이 아니었나. 그는 빵을 만들면서 거기에 마르크스라는 재료를 살짝 섞었다. 그랬더니 빵은 더 맛있어졌고, 이와 더불어 건강한 삶과 정직한 경제순환이라는 결과도 가져왔다. 이타루 씨의 실험은 단순한 것이었다. 지역에서 생산되는 정직한 재료로 빵을 만들고 수익과 비용은 직원들과 투명하게 공유한다. 벌어들인 돈은 일한 사람에게 제대로 나누고 이윤을 남기지 않는다.

장사를 하면서 이윤을 남기지 않는다니! 이상한 사람이라고 생각할지도 모른다. 하지만 이타루 씨는 "동일한 규모로 경영을 지속하는 데는 이윤이 필요치 않다"(193쪽)고 말한다. 이 역시 이상적인 말로 받아들이는 사람이 있겠지만 '이윤'이라는 것에 대해 좀 더 곰곰이 생각해보면 이타루 씨의 실험이 과연 어떤 것인지 알 수 있다.

이윤은 장사를 하고 '남는 돈'이다. 돈이 남으면 무엇을 하는가? 크게 보면 두 가지다. 자신의 생활을 풍족하게 하기 위해 쓰거나 가게에 재투자하는 것이다. 그러나 이것의 중심에 '돈'이 있다면 거기서부터 문제가 생긴다. 돈으로 일궈낸 풍족한 생활을 유지하려면 앞으로도 그만큼, 혹은 더 많은 돈이 필요하다. 가게에 재투자하는 것 역시 그게 돈이라면 결론은 마찬가지다. 투자에 재투자를 계속하다 보면 늘 더 많은 돈이 요구된다. 이타루 씨는 이미 몇년 전 다른 사람 가게에서 제빵기술을 익힐 때 그게 얼마나 위험한 일인지 배웠다. 악순환을 끊기 위해서는 돈을 중심으로 돌아가는 경제를 썩게 만들어야 한다는 데 생각이 닿았다.

부패한다는 건 자연계에서만큼은 그리 나쁜 일이 아니다. 이것을 설명하기에 빵만큼 친근하면서도 확실한 예가 또 있을까? 맛 좋은 빵을 만들기 위해서는 부패한 균이 필요하다. 곰팡이 말이다. 메주에 곰팡이가 생긴 것을 상상하면 된다. 사람들은 이렇게 자연적으로 균이 발생하는 현상을 이용하여 오래전부터 발효음식을 만들어 먹었다. 빵의 경우, 자연에서 직접 균을 배양하여 얻는 방법이 어려운 일이라 지금은 '이스트'라는 것을 많이 쓴다. 하지만 자연에서 얻은 균은 이스트에 비할 수 없을 정도로 좋은 맛을 낸다. 만약 우리들의 생활경제도 이처럼 자연스럽게 자라나서 썩고, 그 썩은 것이 다시 새로운 생활에 영향을 주는 건강한 시스템이 된다면 얼마나 좋을까? 이타루 씨는 자신이 운영하는 빵집이 바로 그러한 모델을 실험하는 장소라고 소개한다.

그러나 이타루 씨의 얘기를 그대로 받아들이기에는 현실적인 한계도 있다. 이 책은 2013년 9월에 펴낸 책이고 일본에서도 크게 성공했다. 그런데 저자는 2012년 2월에 빵집을 책의 배경이 되는 장소인 가쓰야마로 옮겨 새로이 문을 열었다. 그 이전에도 4년 동안 다른 곳에서 빵집을 했던 일이 있지만, 그가 "시골빵집에서 자본론을 굽"는 일을 한건 2012년부터다. 1년 남짓한 시간 동안 여러 실험을 하면서 동시에 책도 써낸 것이다. 말하자면 책 내용이 설익었을 가능성도 배제할 수 없다.

그런 의미에서 나는 이타루 씨가 멋진 일을 해냈다고 믿지는 않는다. 빵집은 앞으로 어떻게 될지 아무도 장담할 수 없다. 최악의 경우 한두 해 정도 하다가 소리 소문 없이 문을 닫게 될 수도 있다. 사람들은 그 빵집이 언제 없어졌는지 기억조차 못할 수도 있다. 앞서 얘기했다시피 나 역시 이윤을 남기지 않는 '제로성장'을 목표로 일했지만 당장 임대료를 올린다는 상황 앞에서는 달리 손쓸 방법이 없었다. 시골에 있는 빵집에도 앞으로 어떤 일이 생길지 알수 없다. '돈'은 '균'과 같지 않아서 우리가 아는 것보다 더 약삭빠르고 사악한 습성을 지녔기 때문이다.

우리 모두 돈이라는 것과 함께 살아야 하는 사회 시스템 속에서 완전히 자유롭기는 힘들다. 이타루 씨 역시 예외가 아니다. 그렇다면 이 돈이라는 걸 어떻게 대해야 할까. 그는 "돈을 쓰는 방식이야말로 사회를 만든다"고 말한다. 어쩌면 이쪽이 더 현실적인 해답일 수도 있다. 죽든 살든 돈에서 벗어날 수 없다면 돈이라는 놈을 잘 써야지 돈이 오히려 사람의 주인 노릇을 하게 해서는 안 된다.

쉬운 말 같지만 실천은 거의 투쟁에 가까운 일이다. 그러니 빵집에서 경제를 썩게 만들겠다는 당찬 선언이 나오는 것이다. 빵과 함께 벌어들인 돈을 고인 물처럼 두지 말고 다시 지역으로 흘려보내 순환시키면, 그것은 이로운 균이 되어 돌아와 다시 빵을 만들 수 있도록 돕는다. 단지 이것은 한두 사람의 실험일지도 모르지만, 이런 실험들이 많아지고 조금씩 자리를 잡아가면 그게 또 다른 사회 시스템을 만드는 순환의 한 역할을 한다.

루쉰魯迅 선생이 오래전 했던 말을 떠올린다. "희망이란 본래 있다고도 할 수 없고 없다고도 할 수 없다. 그것은 마치 땅 위의 길과 같은 것이다. 본래 땅 위에는 길이 없었다. 걸어가는 사람이 많아지면 그것이 곧 길이 되는 것이다." 이타루 씨의 빵집은 이제 막 시작한 한 걸음이다. 아직은 더 많은 시작이 필요하다. 내가 운영하는 헌책방 역시 그 한 시작이다. 그리고 당신은 또 어떤 시작을 해볼 것인가?

윤성근 이상한나라의헌책방 주인

내리막 시대, 고군분투하는 청년 사회적기업가들

『우리 시대 청년의 명랑 르포르타주』
2014 SEEKER:S 지음, 사단법인 씨즈 기획, 에이지21, 2014

청년 창업에 대한 사회적 열기가 뜨겁다. '창조경제'라는 이름의 현 정부 경제정책 기조는 저성장 시대의 성장동력을 말 그대로 강제로라도 만들어내겠다는 의지의 표현인지도 모른다. 그러다 보니 '지속가능성'보다는 해외의 일방적인 성장 모델을 기준으로 한 정부주도형 모델 만들기에 여념이 없다.

현 정부는 창업을 청년실업의 대안으로 제시하고 있는데, 실상 모든 청년들이 창업을 할 수 있는 것도 아니며 모든 청년들이 기업가가 되어야 할 필요도 없다. 대기업에 재직하다가 퇴직해 커피 전문점을 차리는 자영업자들을 떠올려보면, 한국의 개인 자영업자들의 평균 사업 기간이 2년 내외라는 사실이 의미하는 바는 자명하다. 충분한 역량과 준비가 되지 않은 '대안적 창업'은 대책 없는 '희망고문'과 다를 바 없다.

청년 사회적기업가의 탄생

청년 창업과 더불어 또 한 가지 커다란 사회적 흐름은 '일의 의미 묻기'이다. '사회적기업 붐'이 일었던 2000년 중반 이후 사회적기업, 협동조합 등과 관련된 법안들이 통과되고 지원 사업도 부쩍 늘어났다. 이러한 흐름은 신자유주의 체제로 극대화된 기존의 성장 모델에 대해 의문을 제기하는 과정에서 등장한 것이다.

'88만원 세대'로 촉발된 세대 문제에 대한 청년 세대의 개인적인 결론들은 '기성세대와의 제한된 자원 경쟁에서 착취당하지 않기 위한 자생력을 기르는 것'으로 귀결되었다. 세대론에 대한 동의 여부와 관계없이 어떤 청년들은 '사업'을 시작하거나 시작하고 싶어 하는데, 이들의 지향은 대체로 기술을 통한 혁신과 새로운 가치를 창출하는 것에 있다. 청년 세대 중 성공적으로 안정된 체제 안으로 편입한 이들조차 현재 상황에 늘 의구심을 품고 일의 의미를 물으며, 그 중 일부가 새로운 시도를 하는 상황에 이른 것이다. 졸업하고 공무원이 되기 위해 노량진에 가기도 하지만, 취업에 성공해도 로스쿨을 준비하기 위해 회사를 관둬야 하는 상황이 되었다. 과열된 스펙 인플레이션과 10퍼센트를 상회하는 청년실업률은 저성장 시대를 사는 청년들에게 답 없는 삶의 현실에 대한 '개인적인 대응책'을 기르도록 종용했다.

이런 상황 속에서 일의 의미를 찾고자 하는 청년들의 창업 열기가 펼쳐지는 지점이 바로 공유경제, 소셜벤처 등으로 표현되는 사회적기업이다. 지속가능한 방식으로 긍정적인 혁신을 만들어내고, 궁극적으로 세상을 더 나은 곳으로 만들기 위해 기꺼이 기업가 정신을 배우기로 한 이들을 예비 사회적기업가라 부를 수도 있을 것이다. 잃을 것이 없는 '청년'이라는 현실적 상황은, 이들이 몸을 던져 출발할 수 있게 해주는 최소한의 장치다.

사회적기업을 시작한 청년들, 세계에서 길을 찾다

국내 유일의 사회적기업 관련 재단으로 지속가능한 사회적기업 모델 정착을 목표로 투자와 지원 활동을 벌이는 사단법인 씨즈가 기획하고, 일본 NPO 등의 모델을 국내에 꾸준히 소개하고 있는 사회적기업 분야 전문 출판사 에이지21이 출간한 『우리 시대 청년의 명랑 르포르타주』는 이러한 사회적 흐름을 잘 보여준다.

씨즈의 2014년 청년 사회적기업가 지원사업인 '해외 혁신사례 탐방' 결과를 모은 이 책은, 국내 청년 사회적기업가 팀을 선발해 해당 분야에서 더 혁신적인 해외 사례를 찾아가 취재한 기록을 담고 있다. 인문학, 봉사, 반려동물, 문화, 도시 활용, 예술, 정치, 스포츠, 환경, 농사, 교육 등 국내 청년들이 시도한 다양한 분야의 사업 모델들은 해외에서 먼저 자리를 잡거나 성과를 낸 경우가 많았고, 따라서 참고할 점들이 있었기 때문에 가능한 기획이었다.

책은 각 장마다 자신들의 비즈니스나 제시하고자 하는 미션을 구체적으로 밝히고, 해당 분야의 최신 동향을 간단하게 정리하고 있어서 책을 읽는 독자뿐 아니라 신규 비즈니스를 고민하는 이들에게도 그림을 그릴 수 있도록 안내한다. 그 과정에서 해당 팀의 탐방 목적과 이유가 등장하며, 구체적으로 사례를 취재해 자신들의 이야기로 엮어내고 있다.

실제로 이런 책들은 해당 비즈니스에 대한 이해가 없는 경우 단순한 해외 우수 사례 유랑기가 되기 쉬운데, 이 점을 넘어서려는 시도가 인상적인 책이다. 정보 접근성이 높아지고 콘텐츠가 쏟아지는 시대일수록 '큐레이션curation'이 중요하다. 예를 들면, 누구에 의해 해당 정보가 소개되느냐와 관련이 있다. 특히 비즈니스는 '실제로 하고 있다'는 자격이 무엇보다 중요하다. 설령 무르익지 않았어도 경험에서 우러나온, '다듬어지지 않은 통찰'이 해당 일을 준비하는 이들에게는 큰 도움이 되기 때문이다.

'노닥거리는 것'이 아닌 '적극적 게으름'을 설파하는 아이들러아카데미Idler Academy는 런던에 있는 철학을 중심으로 하는 서점 공동체이다. 함께 책을 읽고 인터뷰를 하고 책을 출판하고, 강의 공간에서는 그리스 철학 강의와 어린이를 위한 프로그래밍 강좌가 모두 준비되어 있는 식이다. 이곳에 찾아간 '생각공방' 팀은 청소년 시절 인디고서원을 경험한 청년들로 일반 시민 대상의 인문학 공간을 사회적기업으로 연결시키고자 한다. 이들을 만난 아이들러아카데미의 CEO 톰 호킨슨Tom Hogdkinson은 "'아이들링idling'이 의미하는 것은 자신의 삶과의 보다 적극적인 대면"이라며 자신의 직업을 싫어하는 많은 사람들에게 직업이 아닌 다른 부분을 표현하지 못하는 것을 해결해줄 공간을 제공하려는 목적으로 아이들러아카데미를 시작했다고 말한다.

샌프란시스코에 있는 '원브릭One Brick'은 자원봉사자로만 운영되며 누구나 참여 부담이 없는 봉사를 할 수 있게 돕는 기업이다. 고용된 사람은 CEO 한 명 뿐인데, 그가 하는 일은 웹사이트의 데이터베이스(DB)를 구축하고, 2000여 명의 자원봉사자가 재택으로 일할 수 있게 돕는 것이 다. 그렇게 각 지부가 자원봉사에만 집중할 수 있도록 '수평 관계'를 넘어선 '거꾸로 된 조직'을 만들었다. 이들을 만나러 간 팀은 봉사활동을 하다가 이를 지속적으로 할 수 있는 주체를 만들고자 의기투합한 '볼런컬처'다.

나는 왜 회사를 그만두었는가

여기까지가 이 책에 대한 담담한 소개라면, 이제 좀 개인적인 이야기를 해볼까 한다. 이 책을 펼쳐보게 된 건 술을 마시고 집에 들어와 뻗어버린 밤이었다. 몇 장을 넘겨 읽다가 참지 못하고 책을 거의 끝까지 읽었다. 나름 충분한 고민과 준비를 하고 회사를 나왔다고 생각했지만 창업을 하고는 많은 시행착오를 겪었고, 잘하고 있나라는 질문을 스스로에게 던지지 않을 수 없었던 날들이었다. 그전까지는 그럭저럭 나쁘지 않은 커리어로 업계 안에서 알아보는 사람도 있었고, 내가 잘하는 일이 무엇인지 알 것 같던 '한창 일이 손에 익어가는 나이'이기도 했다.

회사를 관둔 건 조직생활을 못하거나, 일이 싫어서가 아니었다. 오히려 일을 지나치게 좋아했고, 운이 정말 좋았고, 만나는 모든 사람들과 일을 도모할 수 있어서 힘든 것과 별개로 일상마저 충만했다. 다만 이것이 최선인지 물어보지 않을 수 없었고, 주변의 이야기를 들어봐도 '10년 뒤 내 미래'일 수 있는 선배들의 모습을 보면 막막하고 '답이 없다'는 생각만 든다고들 말했다. 이 시기 청년들이 보는 '일의 현주소'다. 그렇다면 업을 탓하기보다는 다른 판의 방법론을 가져와 더 잘할 수는 없을까, 라는 얕은 생각으로 계속 IT를 관찰하기 시작했다. 개인적으로 'IT를 통한 출판 혁신'을 만들고 싶다는 꿈이 있었지만, 이런 꿈은 입 밖으로 낼 필요도 없이 그저 그렇게 살면 되는 것이었다. 그래서 거창한 이야기를 하기 전에 시도해봐야만 했다. 이게 출판사를 창업할 꿈을 가지고 출판업계에 종사하다가 IT 스타트업을 시작하게 된 개인적 이유다.

참을 수가 없었다. 변화하는 세상에 대해 말하는 일을 하면서 그 변화를 손끝에서 나오는 카피로만 표현해야 하고, 그럴 듯한 미사여구로 포장된 혁신을 이야기하면서도 내 삶은 혁신과는 거리가 멀었다. 책을 포장하는 언어들은 사람들의 일상과 조금씩 어긋났다. 애당초 낭만을 가지고 시작한 출판 일인지도 모른다. 나는 삶의 의미를 가치로 환산할 수 있는 일을 하고 싶었고, 비교적 정직하게 살 수 있다는 점에서 책을 만드는 일에 끌렸었다. 하지만 변화의 시대에 시대를 읽는 기획을 한다는 것이 '이 자리에 정체되어 있는 나'를 확인하는 게 아닌가 싶을 만큼 세상은 빠르게 변하고 개개인은 그 유동성에 몸을 싣고 새로운 길을 나서고 있었다. 나는 정말이지 일을 더 잘하고 싶고, 더 마음껏 사랑하고 싶었다. 거창하게 세상을 바꾸겠다는 말은 하지 못하더라도.

대안적 기업과 대안적 삶이라는 것은 이런 점에서 하나의 시도가 아닐까. 기술은 빠르게 성장해 하나의 기업을 독점적 위치로 만들어줄 수 있다. 그렇지만 사회적 가치를 추구하는 창업의 목적은 본질적으로 성장에 있지 않다. 이들이 주주자본주의를 거부하고 구성원들의 공동 출자를 통한 협동조합 방식 등을 선택하는 이유다. 무리한 성장 모델보다는 모든 성원들이 '삶의 의미'를 발견하고, 이 과정을 원동력 삼아 자신의 일을 직접 기획하고 그 과정에서 나온 결과물을 주변과 나누며, 크지는 않지만 여기서 발생하는 경제적 이익을 삶을 영위하는 데 쓰는 것. 따라서 일하듯 놀며, 노는 듯 일하는 이들의 대안적인 삶은 본질적으로 일과 삶이 분리되지 않는 경우가 많다.

그간 사회가 '일에 방점이 찍힌 일과 삶의 합치'를 요구했다면 이제는 '일과 놀이가 분리되지 않는 삶'이 모두의 로망 또는 그나마의 해답이 되었는지도 모른다. 『내리막 시대에 일하는 노마드를 위한 안내서』(어크로스, 2014)의 저자 제현주는 이러한 시대를 '개인들이 자신들의 현실적 기대에 맞추어 욕망을 재조정해야 하는 시대'라고 명한다. 대안은 만드는 것도 중요하지만, 최소한의 긍정과 현실 인식 위에서만 출발할 수 있음을 잊지 말아야 할 것이다.

실패와 아픔의 서사 위에 대안이 있지 않을까

책과 상관없는 아쉬움은 있다. 하나는 스타트업이거나 소셜벤처거나, 성장동력이 상실된 사회에서 무언가 부가가치를 만들어낼 돌파구로 잃을 것 없는 청년들의 열정에 기대고 있다는 점이다. 또 하나는 이런 사례들이 정말 '의미 있는 사례'가 되기 위해서는 해당 팀이나 비즈니스가 구체적인 성장의 모습을 보여주어야 하는

데 이게 쉽지가 않다는 것이다. 스타트업 자체가 극소수의 확률로 살아남는 기업 형태이다 보니 '지속가능성'을 찾는다는 게 애초부터 불가능에 가까워서 각종 지원 형태로 돌아가는 곳들이 부지기수인데, 이런 방식의 지원이 적합하냐에 대해서는 아직 단언하기 어렵다.

다만 아직까지 우리에게는 사례가 너무 부족하다. 미디어에 조금 노출되어서는 흥미를 끌지 못하는 시대다. 우리는 이렇게 소개되는 팀들을 많이 보았으며, 이제는 청년 창업가 당사자들도 책과 미디어에 소개하는 것에 별로 의미 부여를 하지 않는다. 당연하다. 그저 이 세대가 남기는 수많은 흔적과 일기장 같은 서사들 중 하나가 아닐까. 수많은 실패와 아픔의 서사 역시 언젠가는 공유될 것이다. 그때쯤엔 우리 역시 보다 구체적인 대안을 말할 수 있지 않을까. 그렇기에 먼저 시작한 세계의 사례를 찾아 자신들의 비즈니스를 만들어가는 이들의 이야기는 성공 가능성을 판단하기 이전에 그 자체로 충분한 의미가 되어줄 것이다.

김류미 『소셜미디어 시대의 출판 마케팅』 저자, (주)어떤사람들 대표

신화를 깨는 경제학

『**약자를 위한 경제학**』
이정우 지음, 개마고원, 2014

만약 경제학이 우리가 흔히 사용하는 의미에서 과학이라면 "약자를 위한 경제학"이라는 말은 성립하지 않을 것이다. 약자를 위한 수학이나 물리학이 존재하지 않는 것과 같은 이치다. 물론 현실은 다르다. 때로는 정치적 목적에서 부풀리거나 비틀기 때문이기도 하지만, 경제학 이론 자체가 특정 그룹의 이익을 대변하거나 옹호하지 않는 경우가 오히려 드물 정도다. 닭과 달걀의 문제와도 같은 것이기는 하지만, 애초에 '강자를 위한 경제학'이 먼저 존재하는 셈이고 그에 맞서는 대항담론으로서 '약자를 위한 경제학'을 말할 수 있을 것이다. 사실 경제학을 하나의 이데올로기로 본다면 문제는 간단하다. 역사상의 어떤 시대이건 삶을 지배하는 이데올로기는 대개 당대의 지배세력의 이익에 부합하는 것일 수밖에 없다. 굳이 누군가가 의도한 것은 아니라 하더라도 적어도 사후적으로나 결과적으로는 그렇게 된다는 뜻이다.

경제학이 설마 이데올로기만으로 이루어지는 것일 리가 없다면 최소한 객관적이고 합리적인 논리를 갖춘, 말하자면 과학으로서의 성격을 지니는 부분이 있을 터인데, 그렇다면 도대체 그 '과학'은 경제의 어느 영역까지를 포괄하는 것일까? 이미 근대 경제학의 성립기부터 이 문제를 사유했던 많은 경제학자들이 재화와 서비스의 생산은 기술적이고 객관적인 법칙(즉, 자연적 법칙)을 따르는 것이더라도 생산된 부의 분배와 관련해서는 법이나 제도, 사회세력 간 갈등 등에 의존하는 인위적인 부분, 말하자면 비자연적인 법칙을 따르는 것으로 보았다. 그런데 현대 경제학이 엄밀 과학을 자처하면서, 분배의 법칙조차도 마치 물리적 현상처럼 공학적이고 기술적인 관계로 설명하려는 경향이 나타났다. 이러한 경향 속에서 시장 메커니즘 자체가 애초부터 분배의 공평성에는 무관심하다는 사실, 심지어는 그것이 보장하는 것은 돈의 평등일 뿐 기회의 평등조차도 아니라는 사실은 소홀하게 다루어진다. 그러므로 아마도 강자를 위한 경제학과 약자를 위한 경제학이 따로 존재한다면 그 갈림길은 일단 분배 문제를 진지하게 다루느냐 그렇지 않느냐에 있을 것이다.

달콤한 성장의 기억

한국적 특수상황에서 분배를 소홀히 다루는 것은 곧바로 성장을 중시하는 것과 통했다. 짧은 시간에 급속한 경제성장을 이루었다는 사실, 그 달콤한 기억에서 벗어나기는 참으로 어려운 일이다. 기억은 첨삭, 편집과 자기강화의 과정을 거쳐 마침내는 신화의 경지에 이르기 마련이다. '성장의 기억'에 짝을 이루는 것은 '복지 부재의 기억'이라 할 수 있다. 2008년 세계 금융위기로 신자유주의가 비틀거리던 상황에서도 한국만은 747이니 하며 성장의 추억을 버리지 못했던 것이나, 제대로 복지 한번 해본 적도 없으면서 복지병 담론에 쉽게 흔들리곤 하는 여론이 이를 웅변해준다.

이매뉴얼 월러스틴은 최근의 글에서 "어떤 역사적 체제가 자본주의 체제로 간주될 수 있으려면 그것의 지배적인 또는 결정적인 특징은 자본의 끝없는 축적—더 많은 자본을 축적하기 위한 자본의 축적—에 대한 집요한 추구여야 한다"라고 정의했다(『자본주의는 미래가 있는가』, 23~24쪽). 그렇다면 축적을 추구할 의사와 능력이 있는 이에게 자본주의는 최적의 시스템이고 그렇지 못한 이에게는 불편하기 짝이 없는 시스템이 된다. 자본주의 자체로까지 수준을 올려 논의하자면 너무 거창하니, 시야를 좁혀 한국 현대사로만 국한한다면 아마도 '성장을 위한 체제', 즉 모든 가용자원을 성장이라는 목표를 위해 동원하는 체제라고 정의할 수 있을 것이다. 그러므로 불평등이 중요한 키워드가 되고 있는 이 시대, 적어도 한국사회에서는 성장에 대한 집요한 추구로부터 벗어나야 한다는 동전의 양면과도 같은 또 다른 과제를 함께 생각하지 않을 수 없다.

한국 경제의 오늘, 문제 축적의 역사

『약자를 위한 경제학』은 기본적으로 신문칼럼 모음집이므로 한 권의 책으로서 일이관지一以貫之하는 체계를 갖추고 있지는 않다. 그러나 특히 제3부 '한국 경제의 오늘'은 지은이 자신이 말하듯 "경제적 강자의 횡포를 고발하고, 경제적 약자를 옹호하는 경향이 뚜렷"하게 드러난다.

「박정희, 이토 히로부미, 스탈린」은 정치적 독재에 기초한 강력한 생산요소의 국가적 동원으로 이루어진 성장이 지닐 수밖에 없는 문제들을 지적한다. 박정희와 스탈린을 같은 열에 놓는, 아마도 누군가에게는 불경으로 비칠 이 배치는 그러나 이미 20여 년 전에 노벨경제학상 수상자인 폴 크루그먼이 했던 것이다. 공교롭게도 크루그먼의 지적 이후 얼마 지나지 않아 한국 경제는 엄청난 위기를 겪었고, 사회적으로도 독재가 남겨놓은 흔적, 무엇보다도 우리 몸에 남겨진 흔적 때문에 여러 가지 문제를 겪고 있다.

지은이가 지적하는 재벌중심 경제나 물질만능주의, 빈부격차 등은 사실 어떻게 보면 급속도로 성장한 시장경제에서는 불가피하게 나타나는 현상이기도 하다. 그러나 "많은 조직의 독재적 구조"야말로 한국사회가 어쩌면 앞으로도 꽤 오랫동안 치러야 할 독재의 사회적 비용이라 생각된다. 정부에서부터 기업, 사학, 심지어는 교회에 이르기까지 권위적이고 수직적인 의사결정 구조, 보스의 성향에 따라 조직의 특성이 일순간 바뀌는 구조, 그리하여 온갖 수단을 통해서라도 보스의 권력을 얻으려 하는 문화는 이미 오래전에 형식적 민주주의가 획득되었음에도 이 사회가 언제이건 뒷걸

음질 칠 수 있는 가능성을 열어두게 하기 때문이다.

「박정희의 경제 실정」에서는 성장의 신화를 한꺼풀 벗겨보면 드러나는 문제들을 다루고 있다. 특히 높은 물가와 땅값이 지적된다. 그러나 역시 가장 중요한 것은 「독재와 경제성장」에서 인용되는 아마르티야 센의 말처럼 "민주주의와 정치적 자유는 그 자체로 중요하므로 존중돼야 한다"는 사실이다.

한편 「카이스트의 비극」이나 「경찰과 대학: 성과주의의 함정」에서 지은이는 일관되게 성과주의의 확산이 가져오는 문제점들을 비판한다. 여기에는 어떻게 보면 한국사회가 가지고 있는 이른바 '비동시성의 동시성', 즉 압축성장 과정에서 옛것이 채 사라지기도 전에 새로운 것이 뒤섞이며 공존하는 현상이 작용한 측면도 있을 것이다. 위에서 정해진 목표에 따라 일사불란하게 군사작전하듯 몰아붙이는 문화가 이를테면 학벌처럼 줄 세우기를 통해 평가받는 문화와 결합되었고, 외환위기 이후에 나타난 신자유주의적 흐름과 맞물리면서 성과주의의 확산이라는 형태로 나타났기 때문이다. 물론 이 또한 세계적인 추세라고도 할 수 있으나, 앞서 언급한 보스 중심의 권위적 구조까지 결합하면서 '위험은 아래로, 이익은 위로'의 구조가 정착되기에 이르렀다(나는 이를 정규적인 고용관계가 아니라 피라밋형 거래의 연쇄로 굴러간다는 점에서 '유흥주점형 경제모델' 이라 지칭한다).

문제가 생기면 책임질 이는 유체이탈식 화법으로 대응하며 실무자만 책임을 지는 이른바 '꼬리 자르기'는 정치에만 있는 것이 아니며, 이미 경제의 거의 모든 영역에 자리 잡고 있다. 맥락은 약간 다르지만, 「정조의 손상익하와 복지국가」에서 언급된 정조가 『주역』을 인용해서 했다는 말을 소개한다. "위에서 손해를 보고 아래가 이득이 되게 하라損上益下. 그것이 국가가 할 일이다."

거래비용 절감의 논리를 극한까지 밀어부친 결과가 '위험은 아래로, 이익은 위로'였을 터이고 적어도 단기적으로 그것은 권력을 지닌 주체에게 이득을 가져다주었을 것이다. 그러나 이제 그 결과로 생겨난 사회 시스템 전체의 불안정성에 대해 진지하게 고민해야 할 시점이다. 이윤추구가 목표인 기업에게 시스템을 고민하라는 것은 무망한 일일 것이므로 결국엔 정부가 나서야 할 것이고, 그러나 그 정부는 시민사회의 견제와 압력이 없이는 기득 이익의 수호자 역할밖에 하지 않을 가능성이 크다.

성장과 복지·분배는 같이 간다

기껏해야 A4용지 한 장 남짓한 짧은 호흡의 칼럼에서 정교한 대안을 기대하기는 어려운 일일 것이다. 화끈한(?) 대안이 없는 것이 아쉬운 독자들이 있을지도 모르겠다. 그러나 현실의 환상과 신화가 강력할 때, 대안은 그 신화를 깨는 것으로부터 시작해야 한다.

「정글 자본주의와 미친 대학 등록금」이나 「장학금은 누구에게 주어야 하나」에서 말하듯, 성적 좋은 학생이 아니라 가난한 학생에게 장학금을 주어야 한다는 원칙을 당연하게 받아들일 수 있는 사회가 되는 것, 그것에서부터 출발해야 한다. 아니, 실은 그것조차도 이루기 쉬운 일은 아니라는 데에 서글픔이 있는 것인지도 모른다. 대부분 부당한 정치적 공격을 받았을 지은이의 커리어를 감안하더라도, 「허창수 신부와 사회적 시장경제」에서 "그러나 '사회적 시장경제'는 어디까지나 자본주의체제이므로 현재 중국이 취하고 있는 '사회주의적 시장경제체제'하고는 근본적으로 다르다"라고 굳이 사족을 덧붙여야 하는 것이 바로 '지금 여기'의 실정이기 때문이다.

마지막으로 「성장지상주의의 저주, 저출산」에 나오는 구절을 인용해본다.

"우리나라 보수파가 애창하는 '복지/분배가 성장의 발목 잡는다'는 노래는 이제 그만 불러야 한다. 그 대신 '성장과 분배는 동행', 이런 노래를 불러야 한다. 새는 두 날개로 날고, 사람도 두 다리도 걷듯이 성장과 복지/분배는 같이 가는 것이다."

그러나 어쩌면 이에서 한 걸음 더 나아가 성장이 다소 더디더라도 복지와 분배에 힘써야 한다는 인식이 받아들여지도록 노력해야 하지 않을까? "분배에 힘썼더니(아마도 립서비스이거나 약간의 시늉일 가능성이 크겠지만) 성장이 안 되더라"는 역공을 당하더라도 흔들리지 않고 뚜벅뚜벅 원칙을 지키며 걸어갈 자세를 갖추는 것이 필요하지 않을까? 불평등의 심화는 순식간이지만 그것을 바로 잡는 데는 오랜 시간이 필요하다는 것. 역설적으로 불평등의 문제를 심각하게, 그러나 정교하게 접근해야 하는 까닭이기도 하다.

류동민 충남대 교수·경제학자

저자 약력

강성민

대학에서 국문학을 전공했고 한때 시를 쓰다가 출판기자로 7년을 살았다.
2007년 글항아리 출판사를 만들어 현재까지 300여 종의 책을 펴내는 인문
학 출판인의 길을 걸어오고 있다.

김공회

서울과 런던에서 경제학을 공부하고, 지금은 국민대와 고려대에서 강의한
다. 당인리대안정책발전소 연구위원, 〈진보평론〉 편집위원이기도 하다. 자
본주의 세계경제의 성립과 발달에 관한 이론적 탐구를 하고 있으며, 경제사
상의 발달사 및 사회과학에서 경제학의 위상에 대해서도 관심이 많다. 『정
치경제학의 대답』(공저), 『왜 우리는 더 불평등해지는가』(공저) 등을 썼다.

김류미

㈜어떤사람들 공동대표. 온라인 마케터, 도서 MD, 편집자로 일하며 즐겁
게 책을 기획하고 만들면서 변화하는 환경에 맞는 다양한 퍼블리싱 실험을
해왔다. 개인의 잠재력을 가치 있는 콘텐츠로 구현하는 서비스를 만들고자
최근 스타트업을 시작했다. 쓴 책으로는 『은근 리얼버라이어티 강남소녀』,
『소셜미디어 시대의 출판 마케팅』, 『한국 전자출판을 말하다』(공저), 『공감의
한 줄』(공저), 『20대-오늘, 한국 사회의 최전선』(공저) 등이 있다.

김민웅

세계체제분석과 기독교 윤리학을 전공, 성공회대 NGO 대학과 경희대 후마니타스칼리지에서 세계정치경제학, 인문학과 문명사, 해석학 등을 가르치고 있다. 지은 책으로는 『보이지 않는 식민지』, 『밀실의 제국』, 『동화독법』, 『창세기 이야기』 등이 있으며, 현재 인터넷 신문 〈프레시안〉 편집위원과 서울시 시민대학 운영위원장으로도 활동하고 있다.

김민하

〈미디어스〉 기자. 2006년부터 2012년까지 덤프연대, 민주노동당, 진보신당, 노동당 등에서 운동권으로 일했다. 『레닌을 사랑한 오타쿠』라는 작은 책을 썼으며 『우파의 불만』, 『지금 여기의 극우주의』 등을 고명하신 분들과 함께 썼다. '열등감과 냉소주의'라는 평생의 문제의식을 가슴에 품었다(고 스스로를 늘 위로한다).

김병권

약 10여 년 동안 소프트웨어 엔지니어와 매니저로 데이터 분석, 금융솔루션 구축 경력을 쌓아왔다. 민간 독립싱크탱크 '새로운사회를여는연구원' 창립을 주도하고 약 8년 동안 연구센터장, 부원장으로 일하면서 경제분야 연구를 맡았다. 지금은 사회혁신에 관심이 있어 '사회혁신 공간 데어'의 상임이사이자 정책위원을 맡고 있다. 공저로 『리셋 코리아』(2012), 『신자유주의 이후의 한국경제』(2009), 『새로운사회를여는 상상력』(2006) 등이 있다.

김종휘

평안남도 어머니와 황해도 아버지 사이에서 2녀2남 막내로 태어났다. 방송진행자로 활동하던 중 하자센터와 연을 맺고 청소년을 만났다. 이후 사회적기업 노리단 창업, 비영리단체 OO은대학연구소 창업을 거쳐 지금은 2012년 9월 설립된 성북문화재단 대표로 일하고 있다. 『내 안의 열일곱』, 『아내와 걸었다』, 『10대 노는 것을 허하노라』 등을 썼다.

김현진

에세이스트. 『네 멋대로 해라』, 『뜨겁게 안녕』, 『가장 사소한 구원』 등을 썼다. 〈그게 왜 내 탓이야〉, 〈과이언맨〉 등의 팟캐스트를 진행한다.

류동민

서울대학교 경제학과를 졸업하고 같은 대학원에서 마르크스의 노동가치론에 관한 연구로 경제학박사학위를 받았다. 현재 충남대학교 경제학과 교수로 경제학설사와 정치경제학, 그리고 분배와 민주주의의 경제학을 강의한다. 지은 책으로 『기억의 몽타주』, 『마르크스가 내게 아프냐고 물었다』, 『서울은 어떻게 작동하는가』, 『일하기 전엔 몰랐던 것들』, 『프로메테우스의 경제학』 등이 있다.

박권일

프리랜스 저널리스트. 학부에서 철학과 사회학을 전공했다. 2000년대 초반 월간 〈말〉에서 기자로 일했고, 2007년 『88만원 세대』를 썼다. 참여정부 후반기 국정홍보처에서 일하며 『참여정부 경제 5년』 집필에 참여했다. 〈시사IN〉, 〈한겨레21〉, 〈한겨레〉 등에 수년째 칼럼을 연재했거나 연재하고 있다. 2012년 칼럼집 『소수의견』을 출간했다. 공저서로 『우파의 불만』, 『사회를 말하는 사회』 등이 있다.

박래군

인권운동가. 연세대 국어국문학과를 졸업한 후 민주화운동유가족협의회 사무국장, 인권운동사랑방 상임활동가 등을 역임했다. 현재는 인권재단 사람이 세운 인권센터 인권중심사람 소장, 4.9통일평화재단 이사, 서울시 인권위원회 부위원장, 4월16일의약속국민연대 상임운영위원으로 일하고 있다. 이 사회 곳곳에서 '인간의 권리'를 찾아내는 일이 주업무인데, 틈틈이 지속가능한 인권운동의 조건을 고민하기도 한다.

손석춘

건국대학교 미디어커뮤니케이션학과 교수. 연세대 철학과를 졸업하고 〈동아일보〉 기자, 〈한겨레〉 논설위원을 지냈다. 성균관대 대학원에서 언론학 박사논문을 썼다. 한국언론학회가 주는 한국언론상을 비롯해 한국기자상, 민주언론상, 통일언론상, 동아투위가 주는 안종필자유언론상을 수상했다. 저서로 『신문읽기의 혁명』(전2권), 『10대와 통하는 미디어』, 『한국 공론장의 구조변동』, 『무엇을 할 것인가』, 『민중언론학의 논리』 등이 있다.

송기역

전북 고창 출생. 〈전태일통신〉 및 〈레디앙〉 기획위원. 시인이자 르포작가로 활동하고 있다. 출간한 책으로 『흐르는 강물처럼』, 『사랑 때문이다』, 『허세욱 평전』 등이 있다. 2015년 6월엔 『6월의 아버지』를 펴낼 예정이다. 현재 세월호 희생 학생들의 생애를 글에 담는 작업을 하고 있다.

안건모

20년 동안 시내버스 운전사였다. 버스 운전을 하며 버스 노조 활동을 해오다가 〈작은책〉을 통해 글쓰기를 배웠다. 1996년부터 〈작은책〉과 〈한겨레〉에 버스 기사로 살아가는 이야기, 버스 기사들의 노동 현실을 보여주는 글을 썼다. 2005년부터 〈작은책〉 편집과 경영을 맡고 있다. 쓴 책으로는 『거꾸로 가는 시내버스』, 『삐딱한 글쓰기』, 공저서로 『왜 80이 20에게 지배당하는가』, 『눈빛 맑은 십대에게』, 『결혼 전 물어야 할 세 가지』, 『개똥 세 개』가 있다.

오찬호

자본주의를 '어쩔 수 없는 것'으로 받아들이는 체념이 사회에 만연해질 때, 개인의 삶이 얼마나 괴기할 수 있는지를 관찰하는 데 관심이 많다. 암울한 시대를 '암울하게' 말하는 것이야말로 '긍정의 자세'라 생각하면서 글을 쓰거나 강연을 한다. 지은 책으로는 『우리는 차별에 찬성합니다』와 『진격의 대학교』가 있다.

우석균

가정의학과 전문의로 보건의료정책과 경제학을 공부했다. 한미FTA저지 범국민운동본부 정책자문위원, 2008년 촛불항쟁 당시 광우병 전문가 자문위원회 위원으로 활동했으며, 현재 건강권실현을위한 보건의료단체연합 정책위원장, 인도주의실천의사협의회 공동대표, 반핵의사회 공동대표 등을 맡고있다. 쓴 책으로는 『거꾸로 생각해 봐!』(공저), 『10대와 통하는 탈핵 이야기』(공저) 등이 있다.

윤성근

정릉에서 태어나 강원도 태백에서 어린 시절을 보냈다. 다시 서울로 돌아와컴퓨터를 공부한 다음 오랫동안 IT회사에 다니다가 2002년, 종로서적이 문을 닫던 해 회사를 그만뒀다. 좋아하는 일, 행복할 수 있는 일을 해야 한다는믿음으로 헌책방 일을 배웠다. 2007년부터 은평구에서 '이상한나라의헌책방'을 운영하며 책을 쓰고 있다.

이원재

희망제작소 소장이며 경제평론가로 활동하고 있다. 이전에 한겨레경제연구소장과 삼성경제연구소 수석연구원을 지냈다. 경제정책 전문가로 활동하고있으며 각종 매체에 칼럼을 기고하고 있다. 한국사회가 고속성장 시대에서지속가능성의 시대로 패러다임을 바꿔야 한다고 믿으며, 사회적기업, 협동조합, 공유경제 등 새로운 경제적 대안에 관심이 있다.

이정우

서울대학교 경제학과와 동 대학원을 졸업하고 하버드 대학교에서 박사 학위를 받았다. 한국경제발전학회 회장을 역임했고, 참여정부 시절 대통령 정책실장, 대통령 자문 정책기획위원장 겸 정책특보를 지냈다. 현재 경북대학교 경제통상학부 교수로 있다. 『21세기 자본』 한국어판 해제를 썼으며, 지은책으로 『약자를 위한 경제학』, 『불평등의 경제학』, 『왜 자본은 일하는 자보다 더 많이 버는가』(공저), 『풍요한 빈곤의 시대』(공저), 『노무현이 꿈꾼 나라』(공저) 등이 있다.

이하영

방송작가, 북칼럼니스트. KBS와 MBC라디오 등에서 10여 년 이상 구성작가로 일했고, 현재 OBS 경인TV에서 방송되는 〈전기현의 씨네뮤직〉의 작가로 있으면서 클래식음악, 영화, 책에 관한 칼럼을 쓴다. 지은 책으로 『조제는 언제나 그책을 읽었다』, 『글쓰기의 힘』(공저)가 있다.

임승수

서울대학교 전기공학부에서 학사와 석사를 하고 연구원으로 일하다가 돈보다 시간이 더 소중하다는 사실을 깨닫고 삶의 궤도를 수정해 인문사회 분야의 저자로서 글 쓰고 강의하며 살고 있다. 『원숭이도 이해하는 자본론』, 『차베스, 미국과 맞짱뜨다』, 『글쓰기 클리닉』, 『삶은 어떻게 책이 되는가』, 『원숭이도 이해하는 마르크스 철학』, 『청춘에게 딴짓을 권한다』, 『세상을 바꾼 예술작품들』(공저) 등 다수의 책을 썼다.

임지선

시사주간지 〈한겨레21〉과 일간지 〈한겨레〉의 여러 부서에서 일해온 기자다. 30주 연속으로 인권 사각지대를 조명한 '인권 OTL' 시리즈, 빈곤 노동 현장에 직접 뛰어든 '노동 OTL' 시리즈, 영구 임대 아파트를 심층 조사한 '영구빈곤 보고서' 등으로 한국 기자상, 국제 앰네스티 언론상, 민주 언론상 특별상 등을 수상했다. 저서로 『현시창』, 『4천원 인생』(공저), 『왜 우리는 혼자가 됐을까』(공저) 등이 있다.

임지영

2009년 〈시사IN〉에 입사, 사회부를 거쳐 문화부 기자로 있다. 분야와 상관없이 사람 사는 이야기를 글로 푸는 데 관심이 많다.

장동석

책을 읽고 글을 쓴다. 그래서 사람들은 북칼럼니스트 혹은 출판평론가로 부르기도 한다. 〈빛과소금〉 기자와 〈출판저널〉 편집장으로 일했고, 지금은 출판전문잡지 〈기획회의〉 편집주간을 맡고 있다. 저서로는 『살아 있는 도서관』, 『금서의 재탄생』이 있고, 함께 쓴 책으로 『앎과삶 시리즈 1-교육』, 『앎과삶 시리즈 3-중국』, 『공감의 한 줄』, 『아까운 책 2012』, 『글쓰기의 힘』, 『한국 현대사의 민낯』 등이 있다.

정승일

베를린 자유대학교에서 정치경제학 박사학위를 받았으며 신자유주의를 넘어서는 경제적 대안을 마련하는 활동을 해왔다. 현재는 〈사민저널〉 기획위원장이다. 2001년 설립된 '대안연대회의'에서 활동하며 김대중·노무현 정부의 무분별한 은행 및 대기업 해외매각과 주주자본주의화를 비판했으며 그 경험을 담아 2005년 장하준 교수와 함께 『쾌도난마 한국경제』를 출간했다. 2007년 설립된 복지국가소사이티와 사회민주주의센터의 창립을 주도했다. 『굿바이 근혜노믹스』와 『무엇을 선택할 것인가』(공저)를 썼다.

한윤형

1983년생. 혼자 쓴 책으로 『뉴라이트 사용후기』, 『안티조선 운동사』, 『청춘을 위한 나라는 없다』 등이 있고, 함께 쓴 책으로 『열정은 어떻게 노동이 되는가』, 『안철수 밀어서 잠금해제』 등이 있다. 매체비평지 〈미디어스〉에서 3년 간 정치·신문비평 등을 담당했다. 현재는 여러 매체에 글을 쓰는 자유기고가이다.

찾아보기

이따위 불평등

2015년 5월 13일 1판 1쇄 인쇄
2015년 5월 22일 1판 1쇄 발행

지은이 —— 강성민, 김공회, 김류미, 김민웅, 김민하, 김병권, 김종휘, 김현진, 류동민, 박권일
박래군, 손석춘, 송기역, 안건모, 오찬호, 우석균, 윤성근, 이원재, 이정우, 이하영
임승수, 임지선, 임지영, 장동석, 정승일, 한윤형
펴낸이 —— 한기호
펴낸곳 —— 북바이북
출판등록 2009년 5월 12일 제313-2009-100호
121-839 서울시 마포구 동교로 12안길 14(서교동) 삼성빌딩 A동 2층
전화 02-336-5675 팩스 02-337-5347
이메일 kpm@kpm21.co.kr
홈페이지 www.kpm21.co.kr

ISBN 979-11-85400-12-9 03300

북바이북은 한국출판마케팅연구소의 임프린트입니다.
책값은 뒤표지에 있습니다.